目标·思维·素养

策略研究——小学语文阅读教学

张安全／著

东北师范大学出版社

长　春

图书在版编目（CIP）数据

目标·思维·素养：小学语文阅读教学策略研究 /
张安全著. — 长春：东北师范大学出版社，2021.10
ISBN 978-7-5681-8460-1

Ⅰ.①目… Ⅱ.①张… Ⅲ.①阅读课—教学研究—小
学 Ⅳ.①G623.232

中国版本图书馆CIP数据核字（2021）第201961号

□责任编辑：石　斌　　　　　□封面设计：言之凿
□责任校对：刘彦妮　张小娅　□责任印制：许　冰

东北师范大学出版社出版发行
长春净月经济开发区金宝街 118 号（邮政编码：130117）
电话：0431-84568115
网址：http://www.nenup.com
北京言之凿文化发展有限公司设计部制版
北京政采印刷服务有限公司印装
北京市中关村科技园区通州园金桥科技产业基地环科中路 17 号（邮编：101102）
2022年4月第1版　2022年4月第1次印刷
幅面尺寸：170mm×240mm　印张：11　字数：182千

定价：45.00元

序 言

我有一个教育之梦：明媚的阳光，校园里的一棵大树下，一位老师带领一群学生正在树下学习，他们或读或写，书声琅琅，笔尖沙沙。阳光透过树叶落在学生的身上或者书上，一切都是那么美好……在我的人生故事中，我发现了语文最真、最美的颜色……

源 起

我们学校在2012年开始了教学改革。思维碰撞课堂建设是学校教学改革的一项重要举措，已经形成较为完整的操作体系，荣获全国基础教育教学成果二等奖。依托这个改革项目，我一直在探索"目标·思维·素养"理论和实践之路。

我认为，"目标·思维·素养"是小学语文教学的三个关键词，也是小学语文的本色。小学语文应遵循中华民族母语的发展规律（这是语文的"本原"），遵循语言文字的根本性质（这是语文的"本质"），遵循语文课程的基本特点（这是语文的"本位"），遵循学生成长的规律（这是能力发展的"本体"）。依据这四"本"，努力追求"真实自然、简约有效、开放融合"的课堂教学效果，从而实现学生听、说、读、写、思等语文能力的全面提升。这也是对语文学科核心素养的全面落实。

践 行

本着这种教育理念，我大胆提出"整组推进，高效阅读"的教学策略，核心词即"目标·思维·素养"。"整组推进"是针对现行教材"主题单元编排"的特点进行准确解读、高效施教的教学方式，最大的特点就是按单元来整体备课、上课，而不是孤立地一课一课去教。课型丰富多样，比如单元导读课、精读课、读写结合课、读书交流课、单元整理提升课等。"高效阅读"是"学"的要求。有了整组推进式的课堂教学，每组课文能节约出时间进行课内外大量阅读，从而促进学生的全面发展。

"整组推进，高效阅读"是对"目标·思维·素养"深入思考的一次践行。在具体操作上，有四个关键要素：目标——目标必须简单化、序列化，指向性要强，必须站在课程和整套小学语文教材的高度，按照单元设计的模块进行教学。方法——教师心中要有方法意识。课内习得方法，课外大量实践，是"整组推进，高效阅读"的关键。整合——有的课文要强化，比如名家名篇、经典篇章；有的课文要弱化，比如学生一读就懂、一读就会的；精读可以和略读整合，阅读可以和习作整合；可以从单篇拓展到另一篇，也可以从单篇拓展到群文，甚至整本书。读书——会读书、多读书、读好书，是"整组推进，高效阅读"的落脚点。只有想方设法让学生读到书，把书读到心里去，才能实现"整组推进，高效阅读"的目的，擦亮语文教学的"本色"。

历　程

梦想催生理想，理念指导实践。怀揣着"本色语文"和"语文本色"一路走来，我经历过低落与挫折，感受过成功与喜悦，更多的是不懈地追求。2011年12月，我获得"山东省小学语文教学能手"称号，后来被泰安市政府先后评为泰山名师、泰山功勋教师、泰安市优秀教师。2017年9月，我在泰安市首届名师教学风采大赛中获得金奖，这也是对"本色语文"的重要肯定。2019年，我入选山东省第四期齐鲁名师建设工程。

2018年10月，我被组织选派到重庆市巫溪县扶贫支教。在那里，我见到了大山深处的孩子如何读书学习。我怀着一份理想与感动，怀着"本色语文"的理念，先后到21所学校听评课，组织教研21场、专题报告4场，400多人次参与培训指导，与6名教师结成了帮扶对子，还被重庆市教委评为扶贫支教优秀教师、先进个人。但我也总觉得心有余而力不足，有做不完的事情，"目标·思维·素养"三个词语也不断出现在我的脑海中……

追 寻

我渴望一个崭新的、更高的平台引领我、指导我、鞭策我，齐鲁名师建设工程就是这样的平台，"目标·思维·素养"实践就是一次机会。我会把今天当作一个起点，整理行囊，不懈前行。我不止一次爬过泰山，从一天门到玉皇顶6600级台阶，有人走得快，有人走得慢，是不是走得快的会先到达？不，是坚持不懈的会先到达。一路上，要不畏险阻，要克服自己的惰性。教师，同样如此。

语文是传承，需要心中那份责任；语文是生活，需要心中那份感动；语文是责任与感动，需要用心思考、细细品味。每个人都是一个教育故事，语文教学在一个个故事中生成、生长。我将继续做一名有思考力的教师，携着自己的故事人生，陪伴学生一天一天、一寸一寸地成长。

张安全

2021年1月

目 录

第一章 目 标 ………………………………………………… 1

第一节 目标的基本理论 ……………………………… 2
第二节 目标的设计策略 ……………………………… 15
第三节 目标的落实 …………………………………… 27
第四节 目标指引下的管理策略 ……………………… 39

第二章 思 维 ………………………………………………… 55

第一节 问题——思维的开启 ………………………… 56
第二节 活动——思维的支架 ………………………… 63
第三节 整合——思维的升华 ………………………… 70
第四节 迁移——思维的创造 ………………………… 83

第三章 素 养 ………………………………………………… 93

第一节 以"学"为中心的"融"课程实施 …………… 94
第二节 走向深度学习，提升核心素养 ……………… 99
第三节 把握文体特点，设计教学思路 ……………… 103
第四节 寻找教材中的生成点 ………………………… 106
第五节 建设"新理念、高效率"的语文课堂 ………… 110
第六节 关于活动课程化的综合性思考 ……………… 113

第四章 实 践 ·········· 121

教案一 《小英雄雨来》教学设计 ·········· 122

教案二 《三月桃花水》教学设计 ·········· 124

教案三 《我的乐园》教学设计 ·········· 127

教案四 《在天晴了的时候》教学设计 ·········· 132

教案五 《白鹅》教学设计片段 ·········· 136

教案六 《司马光》教学设计 ·········· 141

第五章 心 迹 ·········· 153

故事一 心与心的交流 山与水的牵手 ·········· 154

故事二 观察与感动 ·········· 157

故事三 巫溪的校与巫溪的课 ·········· 160

参考文献 ·········· 164

后 记 ·········· 165

第一章

目　标

在进行本项研究之前，我们发现一个极为奇怪、极不正常的现象，对于这个现象，我们却又见怪不怪、熟视无睹，那就是教师对于教学目标的漠视。我们曾进行过随机调查，在听课后问上课的教师：

"你的教学目标是什么？"

"这个嘛……嗯……我的教案上有……"教师支吾不清。

"你的教学目标是从哪里来的？"

"教参上的。"

"教学目标完成了多少？"

"……"

第一节　目标的基本理论

一、目标是什么

在"教"与"学"之间，教学设计和实施是最主要的教育活动。有什么样的教学设计，就会有什么样的教育效果。在这种"教"与"学"的互动中，存在两种隐喻：一种是以"工厂"为隐喻的学校图式；一种是以"旅行"为隐喻的学校图式。在"工厂"式的教育中，课程是生产的工具，学生是从待加工的原材料变为有用之才的产品，教师是工程师，教育过程是工程师对原材料进行塑造的过程。由于其忽视学生的"人本"特质，逐渐被人们所抛弃。在第二种隐喻中，上学如旅行，课程就像学生旅行的线路，教师是导游兼旅伴，学生是有着不同预期、智慧、兴趣和意愿的旅行者，教育过程是让不同的旅行者获取不同的体验，教育追求是以巨大的努力设计更为丰富和有趣的旅程。

虽然在实际的教育教学中，第二种教育隐喻更加被人们认可，但就教学的本质而言，其有一定的局限性。在教学活动中，学生是学习的主体，教师在教学活动中具有主导作用，是导游兼旅伴，更是设计师和评估员。对于学习者而言，教育活动是不可逆的。加强对学习者的研究，树立"以学习者为中心"的教育思想，追求更有效的教育，是教学活动的本质，是一切教育教学改革的核心，也是个人发展和社会进步的前提和基础。

因此，教师的"教"要永远为学生的"学"服务。我们要实行大单元的课程整合，强调学科间和学科与生活的链接，实现每一项学习设计都为学生真学习、真思考、真发展服务的目标；我们要让每一项学习设计都有明确的目标和与目标相匹配的评价任务，并将评价任务嵌入学习过程，实现"学—教—评"

的一致性。为什么灌输式的教学活动遭到淘汰？因为作为教育者，我们在进行灌输式教学时是没有理解"教育"本身的。很多教师都是这么想的："我讲得清楚，学生就会明白，就能在以后需要的时候回忆起来。我讲得越多，学生就学得越多，考试时也就表现得越好。"而事实并非如此。

教学目标的相关概念有三个，包括教育目标、学习目标和教学目标。教育目标侧重于教育主体，是从社会或教育者的角度提出的对教育的要求，是总的人才培养目标，又被称为教育目的。学习目标侧重于学习主体，是从学习者角度提出的对学习的要求。我们所要研究的教学目标指的是第三个，即兼顾教育主体和学习主体，主要从教学双方、师生双边角度提出对教学综合性的要求，是教学中师生预期达到的学习结果的标准。教学目标应该是师生双方所预期的，既是教师"教"的目标，也是学生"学"的目标。

教学目标是分层次的，包括某一门课程的目标及其年级教学目标、单元教学目标和课时教学目标。其中，课时层次的目标也叫课堂教学目标，是指通过具体的课堂教学活动，期待达到的具体教育目的，或者说经过具体的教学过程，期望学生发生的具体变化。我们研究的重点是小学语文课堂教学目标。

"目标·思维·素养"，即在核心素养理论的指导下，以语文课程标准为根本依据，以语文阅读教学课堂目标为研究对象，从课堂教学的性质和特点出发，按照不同的学段、题材和课时需要，准确设置教学目标，并在教学活动中紧紧围绕教学目标展开教学内容，设置教学环节，选择教学策略，提高教学实效性，全面提高学生的语文素养。

二、为什么要研究目标

2017年9月8日，教育部党组书记、部长陈宝生在《人民日报》撰文，提出要深化基础教育人才培养模式改革，掀起"课堂革命"，努力培养学生的创新精神和实践能力。陈宝生部长在文章中提出，要"始终坚持以学习者为中心，为不同层次、不同类型的受教育者提供个性化、多样化、高质量的教育服务，促进学习者主动学习、释放潜能、全面发展"，这正是核心素养时代课堂革命的根本原则。要落实这一原则，就要推进课堂教学从知识本位的学科教学转向核心素养本位的学科育人，坚持以学生为本、以发展为本，融知识构建、思维对话、能力达成与精神锻造为一体，指向学生的核心素养发展，致力于提升学生的生命智慧，真正让课堂流淌生命的律动，演奏出和谐美妙的生命乐章，演绎不可重复的精彩故事。

新课程改革中新旧观念的激烈碰撞与交锋，特别是核心素养理论的完善与普及、统编教材的全国使用，对传统的语文教学提出了严峻的挑战。我们必须用新的教育理念重新审视语文课堂教学，以新课程的相关要求为视点，重新规划课堂教学活动，重新规范课堂中教师以及学生的行为方式。只有深刻变革了的语文课堂，才能将新课程理念真真切切地体现在学校生活之中，落实到教育教学之中；才能真正落实语文课程标准，全面提升学生的语文素养。

变革语文课堂，是实施语文新课程不可或缺的重要环节。随着新课程的全面推进，小学语文教师付出了辛苦的劳动，积极实践，努力探索，由对形式的追求转为研究实质问题，不断将新课程的理念转化为教学行为。语文课堂教学发生了很大的变化，出现了勃勃生机。教师传统的教育观念被打破，突出以学生发展为本的思想，开始关注学生的学习状态，关注学生的发展。但是改革中也出现了新的问题，出现了一些偏差，走了一些弯路，在落实理念的过程中出现了片面追求形式的问题，课改过程中出现了非语文、泛语文的倾向。

教学过程的本质就是解决教育培养目标与学生现实之间的矛盾。决定教学过程性质和基础方向的主要方面是教学目标，教学目标既是教学的出发点，又是教学的落脚点。课堂教学效果的好坏与课堂教学目标的制定和实施有着不可分割的关系，适宜的课堂教学目标、得当的教学目标实施策略，是取得良好课堂教学效果的前提。

因此，"目标·思维·素养"是基于以上背景和以下教学改革的实际需要而提出的。

1. 课程改革的需要

《基础教育课程改革纲要（试行）》中要求，国家课程标准"应体现国家对不同阶段的学生在知识与技能、过程与方法、情感态度与价值观等方面的基本要求"，为语文课程改革指明了方向。《课程标准》关注的是课程目标、课程改革的基本理念和课程设计思路，关注的是学生学习的过程和方法，以及伴随这一过程产生的积极情感体验和正确的价值观。新课程标准不仅对学生的认知发展水平提出了要求，也对学生学习过程和方法、情感态度与价值观等方面的发展提出了目标要求，这是一个根本性的变化，对培养新时期具有良好素质和竞争力的新一代接班人具有重要意义。

2. 语文课程发展的需要

2016年9月发布的《中国学生发展核心素养》成果，对教育教学的影响日益深刻。语言、思维、审美、文化四大核心素养更是把语文教学推向深入。从"双基"到"三维"，从"三维"到核心素养的提出，是传承，更是超越。语文素养的核心是语文能力，在兼顾其他二维的情况下，知识和能力的坚实牢固，是语文新课程追求的目标。然而在语文教学中，有的教师急功近利，片面追求学生考试的成绩，只顾知识与能力的训练，将过程与方法或情感态度与价值观置之脑后；有的教师对过程与方法、情感态度与价值观的理解产生偏差，片面追求教学方法或情感体验的标新立异，弱化了知识和能力目标；有的教师没有弄明白《课程标准》中知识与能力、过程与方法、情感态度与价值观的内涵，造成了知识与能力、过程与方法、情感态度与价值观三个维度的目标之间不匹配的现象。因此，强化"目标·思维·素养"的研究，正是语文课程发展的需要，也是培养学生语文素养的必经之路。

3. 教师专业成长的需要

聚焦教学，透视课堂，反思现状，部分小学语文教师在课堂教学目标的制定和落实中仍然存在不足，主要表现为：一是在制定课时教学目标时存在目标琐碎零乱、效果期望过高、活动方式不明、评价标准模糊等问题；二是教学活动的实施与课时教学目标脱节，教学目标的达成率低；三是问题探讨和情境创设离开了文本情境的规定性，教学目标或因多元解读而偏离，或因课堂生成而游离，或因拓展无度而远离；四是语文课堂教学存在着学段特点不显、课时目标不明、文体要求不清的现象，表现为高、低年级教学一个样，第一课时和第二课时教学一个样，不同文体的教学方式一个样，这显然不利于语文课程目标的有效达成，不利于提高课堂教学的有效性。语文教学的现状告诉我们，单有语文课程标准规定的宏观目标（总目标和阶段目标）不能具体指导一节课的课堂教学活动，还必须把这些宏观目标分解细化为一节课的微观教学目标并用于指导课堂教学，才能有效发挥教学目标的定向、调节、激励作用。

4. 学生发展的需要

我们要充分吸收线上线下教学的各种优势，结合各种现代化信息技术课程资源，充分考虑各种隐含的不平衡因素，包括地域之间、校校之间、家庭之间等因素，全面优化传统小学语文教学，丰富资源，提高效率。同时，依据语文学习需要大量阅读的规律，以提高阅读课堂教学效率为前提，以单元主题为一个学习整体，实现课内外的拓展阅读，从而使学生在大量阅读中提高语文素养。"目标·思维·素养"实践的研究，可以为学生提供良好的知识建构的学习情境，可以兼顾知识的广度和深度，适合不同能力与水平的学习者。

三、国内外研究动态

研究发现，国外母语课程倾向于将适合现实生活、学习、工作需要的语言能力、思维能力、沟通交流能力以及培养负责任的公民作为核心价值理念。英、美、德、澳等国的母语课程目标指向往往为"听、说、读、写、视"五种技能（"视"即媒介视读和发布能力），强化课程与各学科、学生生活、环境的联系。苏联教育家巴班斯基认为："实现教学最优化的第一方法或第一工作就是制定恰当的教学目标。"1996年，美国出版了中小学英语语言文学国家课程标准——《英语语言文学标准》。2000年前后，世界各国相继出台和修订各自国家的课程标准。综合来看，世界各国对教学目标中核心能力的重视是基本一致的。

我国教育界对小学语文教学目标的探索和研究一直没有停止，可以分为三个时期：初探期（1949–1979年）、建构期（1980–2000年）和创新期（2001年至今）。从1950年《教学大纲》的自主探索，教学目标具有明确的政治导向功能；发展到模仿苏联时期，具有鲜明的思想政治教育目的和语文知识学习目的；最终随着第八次基础教育改革，小学语文教学目标的研究更加科学理性，从三维逐步进入核心素养创新期，目标设立的关注点也经历了从关注知识到关注人的全面发展阶段。特别是随着核心素养、语文要素、深度学习、统编教材等语文事件的出现，使课堂教学目标更加科学、理性、系统。

经过深入调查我们发现，课堂教学中，教师教学目标的设计存在一些问题，主要包括：

一是行为主体错位。比如"能正确流利有感情地朗读课文"和"引导学生正确流利有感情地朗读课文"，前者的行为主体是学生，后者的行为主体却是教师。教师的工作是帮助学生学习，可如今教学目标设计的大部分内容是针对教师的要求及任务，学习成了教师"要让学生做到什么"，而不是教师引导和帮助学生理解"我需要做什么以及如何做好"。教学目标是重在"教"的目标，还是重在"学"的目标，往往没有引起教师的重视和思考。

二是教学目标缺失。在教学目标设定方面，教师非常容易忽略隐性目标。教师常常只重视知识点的传授，忽视对学生进行情感教育和文化意识的培养，忽视对学生思维能力的培养。思维是智力的核心，是人类特有的理解和解决问题的有目的的活动。如果不能在目标中设立思维的"靶标"，就不能真正做到尊重学生的主体性地位，以实现"课堂"向"学堂"的转变。

由此可见，只有从整体目标入手，突出学段重点，着眼单元目标，针对教材重难点和学生实际，制定适当、准确、切实可行的课时小目标，才能让学生一课一得、聚沙成塔、集腋成裘，才能使课程总目标得以贯彻实施。

每一名语文教师，都要在核心素养理念的指导下，把《义务教育课程标准》提出的总目标和各学段目标分解细化成单元教学目标和课时教学目标，并找到完成目标的相应策略，以便指导具体的语文课堂教学，使师生的课堂教学活动具有明确的指向性。强化教师的目标意识，真正做到心中装着大目标、课堂落实小目标，让学生在最近发展区中获得最大的发展，促进课堂教学效率的整体提高。

四、有何意义

"目标·思维·素养"以《基础教育课程改革纲要》和《语文课程标准》（研究稿）为指导，积极借鉴国内外已有的研究成果，紧密结合小学语文教学实际，以提高小学语文阅读教学目标达成度为主旨，以优化小学语文阅读教学、提高教师实施有效教学能力、促进教师专业发展为主要目标。

1. 有利于教师做到心中有纲、心中有本

在阅读教学中，普遍存在着低年级向中年级靠拢、中年级向高年级靠拢的趋势，中高年级和低年级的教学要求区别不大，其根源是不清楚学段目标。因

此，要正确定位教学目标，首先应逐级明确语文课程在小学阶段的总目标，以及不同学段、年级阅读教学的阶段目标，单元教学目标以及课时教学目标，即正确定位"层级"。在确定教学目标时，我们须弄清楚它的上位目标是什么，如此才能把握下位目标的基本定位，才能做到高屋建瓴、有的放矢。对于小学语文的课程目标，崔峦老师将其概括为"一个中心，两个基本点"。"一个中心"即以语言训练为中心，特别是要加强语言的运用。"两个基本点"即培养语文能力（听、说、读、写、书），提高人文素养。对于阶段目标，教师既要深入学习和领会课标精神，熟知不同学段的教学目标，又要了解不同学段学生的年龄特点、心理特征、学习习惯。以词语教学为例，每个学段都会涉及，教学的形式大同小异。但细细领会课标精神，会发现其实每个学段都有明确的目标定位。低学段的要求是结合上下文和生活实际了解课文中词句的意思，在阅读中积累词语；中学段的要求是能联系上下文理解词句的意思，体会课文中关键词句在表达情意方面的作用，能借助字典、词典和生活积累理解生词的意义；高学段的要求是联系上下文和自己的积累，推想课文中有关词句的意思，体会其表达效果。学段不同，要求不同。就年龄特点而言，中年级学生的智力发展是整个学生生涯中最为迅速、活跃的一个阶段，那么教师在设计教学活动时就要考虑到问题设计的开放度、学习活动中的智力培养等。对于单元教学目标和课文教学目标的把握，则要依据学段目标、教材实际和学生实际，自主取舍教学内容，确定教学要求。只有心中有纲，才能做到正确定位。

2. 有利于教师自觉把握教学质量标准

教学目标反映的是教学的预期。也就是说，它所展现的是教师理应达到的实际教学效果。是否有明确而具体的教学目标，教学目标能否有效达成，应该是评价语文课优劣的重要标准之一。教师在进行教学设计时首先要考虑的就是教学目标的明确度与现实可行性，教学内容的安排、教学程序的设计、教学方法的选择等都必须依据教学目标进行调控。教师在进行课后反思时，首先要对照事先制定的目标逐一查对，检查自己是否在单位时间内高效地完成了教学任务。如果出现课堂教学节奏松散的状况，则说明目标过于简单；如果出现学生疲于应对、无法消化理解的情况，则说明目标制定过高、过难，这样的教学效益都是不高的。另外，教学目标也是判断学生学力水平的标准。教学目标是教师"教"的目标和学生"学"的目标的统一体，阅读课教学目标描述的是在具体情景下学生阅读行为变化的结果。这其中包含两层含义：其一，所定目标是能够明确测定和观察的，以由教学而产生的行为变化为标准，教师可以准确判断出达到学习目标的学生人数和程度；其二，所定目标应该是全体学生实际能完成的，而不是部分学生，更不是个别学生的学习水平要求。正因如此，学生必须无一例外地努力完成既定的目标，教师在教学中必须确认尚未达到目标的困难学生，对其采取有效措施，加以引导和帮助。因此，教师要认真学习课程标准提出的小学语文阅读教学的教学目标要求。

3. 有利于教师准确把握教学评价标准

要想提高语文教学质量，就必须不断完善教学质量评价工作。如何评价教学质量，是教育改革中的重要课题。做好语文教学质量评价涉及许多问题，其中准确掌握评价教学质量的指标体系就是主要问题之一。怎样掌握评价的标准体系？了解和研究阅读教学的目标是非常重要的。学校的教学管理人员和教师必须认真研究和掌握小学语文教学目标和要求，客观科学地评价语文教学工作，充分调动师生教和学的积极性。

平时进行的各种质量检测和学情诊断，是目前小学考核语文教师教学质量的重要方式。考试如何命题对评价教学质量、调控指导语文教学起着重要作用，只有准确了解和把握教学目标和要求，才能保证试题的信度和效度。因此，教学目标对于语文教学评价起着重要的导向作用。

4. 有利于整体提高学生语文素养

新的课程标准基于学生的年龄特征和学习语文的规律，将阅读方面的课程目标既做了整体性的概述，又做了阶段性的分述，为我们从整体上准确把握阅读教学的特点及教学中的具体操作提供了一定参考。然而，导向性的课程目标与实施性的阅读目标有很大差别。学生的语文素养是以教材为中介，通过教师的指导，在积极参与语文学习与实践的过程中形成的。为此，语文教师必须紧紧围绕学段课程目标，根据学生的阅读基础和教材特点，将宽泛的语文课程目标转化为可供操作和可供检测的教师教学和学生学习的子目标，在教学中引导学生按子目标的要求，有计划、有步骤、分阶段地进行学习活动，使学生主动阅读、积极思考，深入理解课文的词、句、段、篇，积极进行听、说、读、写训练，通过学习实践，一步步地实现学习目标。这样，循着坚实的、渐进的阶梯向上攀登，学生语文综合素养的形成便是指日可待的。

五、理论依据与原则

（一）教育哲学理论

哲学基本问题又称哲学的根本问题、哲学的最高问题，是指思维和存在、意识和物质的关系问题。语文阅读教学目标制定与突破方法归根结底属于一种思维活动，这种思维活动要依据语文阅读教学的客观存在来进行，通过思维活动来认识并揭示语文阅读教学活动客观存在的规律，这直接关系到语文阅读教学整体的成败。因此，哲学理论，尤其是教育哲学理论对于语文阅读教学目标设计具有现实的指导意义。

（二）教育教学理论

教育教学实践必然接受教育理论的指导和引领，语文阅读教学亦不例外。不同时期的教育理论，如教育学、心理学理论，必然影响到相应时期的阅读教学理念及阅读教学目标设计观，也催生了不同模式的阅读教学行为。

1. 加涅的信息加工学习理论

加涅的信息加工学习理论认为，学习是一个接受和使用信息的动态过程。学习是学习者与情境相互作用的结果，它不仅仅是一种内部过程，同时也受外部环境和事件的影响。因此，在进行阅读教学目标设计时，要关注学生知识与能力的获得与转化问题，注重良好教学情境的创设问题，积极引导学生自主有效地阅读。为学生顺利展开阅读认知活动，锻炼和提高阅读思维品质，积淀积极良好的思想情感创设适当的条件，帮助学生形成有效的阅读策略，养成良好的阅读习惯。

由加涅的信息加工学习理论引申出的当代阅读认知理论认为："阅读不是一个被动、机械地吸收文章信息的过程，而是积极主动地获取各类信息的过程。"这意味着，教师在设计阅读教学目标时，要更加关注学生的需要和学习，更加注重帮助学生通过阅读教学树立起较强的阅读文本批判意识，形成自己独有的阅读体验和观点。

2. 建构主义学习理论

建构主义的思想来源于认知加工学说，以及维果斯基、皮亚杰和布鲁纳等人的思想。冯忠良在《教育心理学》中提出："建构主义学习理论认为，知识是学习者在一定的情境即社会文化背景下，借助其他人，包括教师和学习伙伴的帮助，利用必要的学习资料，通过意义建构的方式而获得。因此，建构主义学习理论认为，'情境''协作''会话'和'意义建构'是学习环境中的四大要素或四大属性。在学习过程中，学生不是被动的信息吸收者，而是意义的主动建构者，这种建构不可能由其他人代替。"

因此，教师在进行语文阅读教学目标设计和实施时，首先必须树立以学生主体的理念，设计形式多样的阅读学习目标，激发学生的阅读积极性和主动性；其次，应创设丰富生动的学习情境，使学生能够在不同的情境下习得和应用所学到的知识，并通过"同化"与"顺应"建构文本的意义；再次，应注重自主、合作、探究学习方式的设置，恰当安排一定的时间供学生开展讨论和交流，共同完成对所学知识的意义建构。

3. 布鲁姆的教育目标分类学

布鲁姆将教育目标分成三个领域：认知、情感和动作技能领域。布鲁姆认为，应用学生的行为来陈述目标。制定目标是为了全面客观地评价，而不是表述理想的愿望。事实上，只有具体的、外显的行为目标才是可测量的。同时他指出，目标是有层次结构的。布鲁姆认知领域分类学中包括六个主要类别：①知识；②领会；③运用；④分析；⑤综合；⑥评价。情感领域包括五个主要类别：①接受；②反应；③价值化；④组织；⑤性格化。每个主要类别都包括若干子类别。由此可见，布鲁姆的分类学是将学生行为由简单到复杂按秩序排列的。因而，教育目标具有连续性、累积性。他强调，认知与情感是相互作用的。认知是情感产生的基础，情感的产生有赖于认知。认知目标中始终具有情感的成分，情感目标总是带有认知成分。因此，布鲁姆把学生的认知情感特征作为学习的前提。

（三）文学相关学科理论

1. 接受理论和接受美学理论

由于语文阅读教学自身的性质，它必然要接受文学相关理论的影响和浸润。这里主要指受接受理论和接受美学对于语文阅读教学目标设计的影响。接受美学认为，文本解读过程始终是一种能动的过程。解读初期，阅读主体肯定会把一些个人的"预先的理解"带到文本解读过程中，然后随着解读过程的不断展开，逐渐改变初期的理解，尝试着从不同的角度去观察文本，做出越来越多的预测。伊瑟尔认为："最能感染读者的文学作品能迫使读者对自己习惯的法则和期望产生一种批判性的新认识……有价值的文学作品不是仅仅加强我们习惯的感觉，而是违反或者超越这种规范的观察方法，并从中教给我们理解的新法则。"接受美学倡导的开放式解读思想和理念，有助于教师树立全新的语文阅读教学观念，允许并鼓励学生对文本进行多元化的阐释和解读。

2. 阐释学理论

阐释学理论对于阅读教学的影响之大是有目共睹的，它在很大程度上帮助我们进一步深刻认识阅读本身的规律和特点。如新课程教学理念提出，阅读文本也可以成为阅读的"主体"，理解是对阅读文本意义的把握。对文本意义的理解是一个辩证统一的过程等观点，可以说就是阅读教学对阐释学理论的发展与借鉴。在此基础上发展起来的对话理论，蕴含平等观念的价值预设，使学生能够平等自主地与教师、文本展开对话，从而不断地展示自我、丰富自我、超越自我，更是给阅读教学注入了新的活力，为解决语文阅读教学问题提供了新的视角与思考空间。

（四）教学设计理论

加涅在《教学设计原理》中将教学设计定义为："教学设计是一个系统化规划教学系统的过程，教学系统本身是对资源和程序作出有利于学习的安排。"当代著名教学设计理论专家史密斯和雷根在1993年出版的《教学设计》一书中认为："教学设计是指运用系统方法，将学习理论与教学理论的原理转换成对教学资料、教学活动、信息资源和评价的具体计划的系统化过程。"现代教学设计思想认为："教学设计是以系统理论、传播理论、学习理论和教学理论为基础，以优化教学过程为目的，运用系统分析方法分析教学问题、确定教学目标、建立解决教学问题的策略方案、试行解决方案、评价试行结果和修改方案的过程。"

（五）基本原则

1. 学科性原则

阅读教学目标的确立，应充分反映语文学科的性质、阅读教学的任务及阅读教学的特点。《语文课程标准》指出，语文课程是一门学习语言文字运用的综合性、实践性课程。工具性与人文性的统一，是语文课程的基本特点。"学习语言文字的运用"是语文课程的核心目标。而阅读教学中的一篇篇课文就是学习语言文字运用的载体，教师需要在钻研教材、把握编者意图的基础上，选择合适的教学内容，制定恰当的教学目标，抓住课文中语言文字训练的要素，引导学生凭借课文学习语言文字的运用。

2. 整体性原则

《语文课程标准》着眼于学生语文素养的整体提高，从三个维度进行设计，并强调三维目标的"相互渗透、融为一体"。对此，《语文课程标准（2011年版）》的"教学建议"部分指出："教师应努力改进课堂教学，整体考虑知识与能力、过程与方法、情感态度与价值观的综合。"《语文课程标准（2011年版）》又强调："培养学生正确的思想观念、科学的思维方式、高尚的道德情操、健康的审美情趣和积极的人生态度，是与帮助他们掌握学习方法、提高语文能力的过程融为一体的，不应该当作外在的附加任务。"因此，在教学实践中，无论是哪一个、哪一项内容的教学，无论是备课还是上课，都必须综合考虑教学目标，努力体现课程目标的三个维度，并做到"相互渗透、融为一体"。

3. 层次性原则

语文课程总目标与各年级目标之间，既有连贯性，又有阶段性。同一篇课文在不同的版本中安排在不同的年级，就承载了不同的教学要求。同一知识点的教学或相应能力的培养安排在不同年级的课堂教学中，目标要求也是不同的。同一篇课文在不同的课时教学中也有着循序渐进的教学要求。阅读教学目标的制定要充分体现这种层次性。通过阅读教学各课时教学目标的实现与累积，最终达成语文学科教学的总目标。

4. 主体性原则

阅读是学生的个性化行为。教师在设计教学目标时，应根据教学内容和学生实际，坚持以学生发展为本，关注学生差异，制定适合不同层次学生的阅读教学目标，让不同层次的学生在原有基础上都有所提高。

5. 实效性原则

教学目标的制定应采用可观察、可操作、可检验的行为动词，以增强所设计教学目标的实效性。传统中使用的"熟悉""揣摩""体会"等笼统、含糊、难以观察、仅表示心理过程的动词，则难以测量和检验。采用"说出""描述""说明""分析""讨论""交流"等能直接反映学生活动的行为动词，则意义明确、易于观察、便于检验。教学目标的表述越清晰，在课堂教学中就越容易把握，教学目标的达成率也就越高。

6. 发展性原则

教学目标是通过综合考虑各因素，在上课之前制定的。课堂上，在师生的双边活动中，常出现偏离原来教学目标的情形。因此，教学目标的制定就应该具有一定的弹性，不要僵化地预设教学目标。课堂上要关注学生的即时表现，对教学目标进行微调，为学生的主动参与留出时间和空间，为教学的动态生成创造条件。

第二节　目标的设计策略

一、如何设计

教学目标是阅读教学的出发点，是教学的归宿，是教学活动组织与实施的依据，也是测量和评价学生学习结果的依据。它着眼于教师的教，落脚于学生的学，关系到语文课程目标的实现和国家基础教育培养目标的落实。因此，教学目标的制定不仅要正确把握课程标准，还要认真研读教材，更要立足于对学生学习需求的科学分析，做到明确、具体、可操作、可检测。

1. 正确把握课程标准，做到心中有纲

国家规定的基础教育培养的总目标被分解到不同学科中去实现，由学科专家制定出学科课程目标及不同学段的课程目标。《语文课程标准》从语文学科的角度规定了人才培养的具体规格和质量要求，体现了国家对不同阶段的学生在知识与技能、过程与方法、情感态度与价值观等方面的要求，规定了课程的性质、目标和内容，提出了教学建议和评价建议，对教材编写、教学和评价具有重要的指导意义，是我们制定具体课文教学目标的纲领性文件。

《教育部关于印发义务教育语文等学科课程标准（2011年版）的通知》中要求："各地要把修订后的课程标准的学习培训活动作为深入推进课程改革的重要契机，认真组织开展覆盖义务教育阶段所有学校校长、教师和教研人员的全员培训，帮助他们全面理解、深入领会和准确把握课程标准的精神实质和主要变化。"因此，我们需要认真研读《语文课程标准》，准确把握语文课程总目标与阶段目标中的关键概念的内涵、外延，使之成为可以把握与测评的教学目标。

语文课程目标分为总目标和阶段目标。《语文课程标准（2011年版）》

在"总体目标与内容"部分，紧密围绕"学生语文素养的整体提高"这一课程终极目标设计了10条总目标。10条目标既有情感态度、审美情趣方面的要求，也有思维品质、科学态度方面的要求；既有语文学习方法、学习习惯方面的要求，也有语文知识与能力方面的要求。

《语文课程标准（2011年版）》在总目标下，将小学阶段分为三个学段，从"识字与写字、阅读、习作、口语交际、综合性学习"等五个方面分别提出"学段目标与内容"，将课程目标体系化、具体化，体现了语文课程的整体性和阶段性。以词语教学为例，每个学段都有涉及，但每个学段的目标定位又有所区别。

2. 深入研读教材，做到心中有本

阅读教学是通过一篇篇课文的教学实现的，每一篇课文都安排在一定学段教材的特定单元中，教师要通过每一篇课文的教学目标来逐步落实课程目标。文选式的教材体系决定了语文教学有较大的随意性，一篇课文可以教的内容很多，可以作为教学目标的项目也很多，我们该如何取舍？这就需要教师站在一定高度去深入解读教材，认识到每一篇课文可以开发和利用的角度、着眼点是不一样的，才能挖掘出文章独特的教学价值。教师越是对文本有深入的研读，所制定的教学目标就越明确具体，也就越能在教学中得以实施。

首先，要与编者对话。教材的结构、课文的选择、课后的训练，无不体现着编者的智慧。研读教材时要考虑一篇文章在教材中的整体地位，考虑编者希望该文章所要承担的知识序列的示范价值。在设定课时目标时，要从整体出发，把眼前所教的这一课放到一单元、一册书、一个学年、一个学段的具体要求中考虑。

现行部编教材是围绕专题组织教学内容的，这样的编排更加突出了单元主题，加强了单元的整合。单元导语成为该单元的"路标""向导"，覆盖了学习整个单元所需要达到的三维目标要求。

例如五年级下册第七单元的导语这样描述该单元："足下万里，移步换景，寰宇纷呈万花筒。"语文要素为"体会景物的静态美和动态美；搜集资料，介绍一个地方"。一单元课文，其选文意图显而易见，就是让学生进一步感受作家笔下动态描写和静态描写的妙处，并在习作中运用。这是本单元教学的重点，也是教学的难点。单元之后的"口语交际"或"语文园地"等栏目，紧扣语文学习要素，引导学生反思自己的语文学习过程，发现、归纳、总结规律性的学习方法，与"导语""课例"融为一体，追求语文学习的整体效应。与编者对话，有助于教师明确教材的编写意图，树立课程意识，达到"用教材教"的目的。

其次，要与文本对话。教师和文本对话就是要研究教材、吃透教材，读出教材中的精妙之处，读出自己的独到发现，想到学生可能会遇到的疑难问题，想到帮助学生解决问题的有效途径。由此，我们必须具备相关的学科知识，并从思想内容、语言形式、学习方法等多个角度与文本进行深入对话。

3. 全面了解学生，做到心中有人

学生是课堂的主体。一切教学目标的定位，最终都要归结到学生发展上来。因此，研究学生、了解学生，是我们制定教学目标、实施有效教学的重要依据。教学目标应该基于学生已有的水平，设置学生可达到的发展水平，其间的距离便是契合学生的最近发展区。教学目标过高，容易造成教学的越位，强人所难；教学目标过低，会造成教学的滞后，低水平重复。

了解学生可以从四个方面入手：一是要了解学生原有的知识基础，即学生在课堂教学开始前已经拥有的知识；二是要了解学生的能力状况，即学生学习知识和技能的认知学习能力；三是要了解学生的学习需求和态度，如兴趣、爱好、情感、意志等非智力因素；四是要了解学生的学习差异和个性特点。同时，教师要经常主动与学生沟通交流，认真听取他们对教学工作的意见和建议，使教学目标制定更具针对性和实效性。

二、目标的表述

教学目标的确立固然重要，然而教学目标的陈述也不容忽视，因为任何教学目标最终都要以目标陈述的形式呈现出来。教学目标陈述得越具体，教学实施与教学评价就越容易。目标陈述至今也没有公认的、统一的标准，但是必须符合以下要求。

第一，陈述的主体应该是学生。

教学目标的指向是全体学生通过学习后达成的结果，学生是学习的主体，因此教学目标应该是学生在学习中的变化或结果，而不是教师的行为。例如《慈母情深》节选自梁晓声的中篇小说《母亲》，被统编教材编入五年级上册第六单元第一课。这篇课文以儿童的视角，摄取了"我"少年时期生活的一组镜头："我"去小厂向母亲要钱买书，母亲不顾同事劝阻，毫不犹豫地给"我"钱的事情。字里行间弥漫着时代的气息，流露着浓浓的慈母情。单元导语里面的语文要素是学习本单元的教学目标。"体会作者描写的场景、细节中蕴含的感情"是一条体验性目标，可采用行为动词（体会）+核心概念（场景、细节）这样一种表述方式。至于"引导""培养""组织"等描述教师教学行为的动词，则不应该出现在教学目标中。

图1-1 公开课

第二，陈述要明确具体、可观察、可检测。

陈述教学目标是为了使教师把握"教什么"和"怎么教"，使学生明确"学什么"和"怎么学"。如果是公开课，还应该使听课教师能根据教学目标来评价教学过程。因此，教学目标的表述应该是明确具体、可观察、可检测的。比如有的教师在设计的情感目标中说："引导学生体会课文语言的生动，感悟词句表达的感情。"不如说："朗读课文，读出语言的生动和词句表达的感情。"后者所用词语是可观察、可检测的，如"朗读""读出"等；而前者所用的词语"体会""感悟"则是模糊、不易操作和检测的。

第三，必须体现"三维"融合，层次清楚。

新课程语文教学目标被分为三类，即认知领域、情感领域和技能领域，因此课堂教学目标的设计也必须体现这三个维度，但是这三者是相互交融、相互渗透的，是工具性与人文性的统一，因此不能分别列出"知识与技能目标有哪些""情感态度目标有哪些"。此外，工具性是多方面的，人文内涵也是十分丰富的。课文不同，特点不同，学生学习的重点也不同。一般来说，一篇课文的教学目标设计应该有一个主目标或基本目标。

第四，必须立足学情，体现学段目标。

例如阅读教学中"联系上下文解词"的教学目标，在第一学段定位为"结合上下文和生活实际了解课文中词句的意思"，提出的学习目标是"了解"；在第二学段则是"能联系上下文，理解词句的意思，体会课文中关键词句在表达情意方面的作用。能借助字典、词典和生活积累，理解生词的意义"，提出了"理解词意""体会关键词句的作用"等要求；到了第三学段"联系上下文和自己的积累，推想课文中有关词句的意思，体会其表达效果"，逐步提出了"推想词意""体会表达效果"的目标要求，这样循序渐进、螺旋上升，最终实现"具有独立阅读能力"的总目标。因此，我们在设计教学目标的时候，就要既着眼于学段目标的达成，又考虑原有目标的基础，兼顾与下一个学段目标的衔接，提倡"学期备课""单元备课"与"课时备课"相结合，对课程目标有一个长远的规划，对学段目标做到心中有数，这样才有助于我们了解编者意图，明确所教内容在教材中所处的地位和作用，从而确定科学的教学目标。

一般来说，课堂阅读教学目标的陈述必须明确、具体、细腻，易于把握。一个完整的教学目标应该包含行为主体、行为动词、行为条件、行为对象和行为程度标准五个部分。举例如下：

学生（行为主体）在自由朗读全文、自主思考的基础上（行为条件），画出（行为动词）与主题关联密切（行为程度标准）的句子或词语（行为对象）。

三、目标的双层设计与呈现[①]

目标的双层设计可以使教学更有指向性。思维碰撞课堂就是要努力培养学生独立思考和批判反思的能力，让学生成为"有思想的人"。目标的双层设计与呈现也正是围绕这个课堂宗旨来完成的。

1. 如何设计教学目标

思维碰撞课堂的教学目标设计依据是"新双基"。何谓"新双基"教学目标？传统"双基"是指基本知识和基本技能。"新双基"指两个基本层次性目标，即"知识与技能、智慧与人格"。"知识与技能"是下位概念，"智慧和人格"是上位概念。智慧教育基于知识教育，知识既是目的，又是智慧教育的载体。

智慧的获得依赖于：对信息进行选择性编码，选择的过程与个体了解环境的目的相关；将新信息与旧信息进行选择性比较，将新旧信息进行匹配融合；对新旧信息进行选择性组织，使新旧信息成为一个有序的整体（融合）。[②]

——（美）斯腾伯格

为避免引发不必要的混乱，思维碰撞课堂暂时采用了当今流行的教学目标设计方式，倡导教师把"新双基"目标"内化于心、外化于行"。不同的是，思维碰撞课堂虽然强调"课标是教学设计的基准"，但不提倡分别以"三维课程目标"的呈现方式撰写教学目标。

2. 如何创设成果指标

当学生知道学习目标是什么以及是否达成目标时，学习才最有效。思维碰撞课堂倡导以"产出"为导向，因此能否科学准确地设计和落实成果指标，就成了课堂是否有效的关键。

尽管呈现成果指标"利于学生明确自己的学习任务和承担的责任，利于学生参与目标制定并合理理解如何实现高质量的学习，利于运用'成果'分层要

---

① 本文2016年12月发表于《山东教育》（中学刊）。

② ［美］罗伯特·斯腾伯格，等著；杜娟，等译；盛群力校《教出有智慧的学生：为智慧、智力、创造力与成功而教》，16页。

求和反馈评价……"，但创设成果指标并不是一件易事，需要教师从学生的角度看问题，根据学生学情预测"成果"或"表现"（包括过程与方法）。

为此，教师在设计成果指标时，首先应草拟教学目标，然后根据教学目标设计成果指标。例如小学语文课文《爬山虎的脚》。

教学目标：

1. 掌握本课的11个生字新词。

2. 练习用较快的速度阅读课文，知道爬山虎的特点，能抓住课文主要内容。

3. 有感情地朗读课文，学习叶老细致观察的好习惯、好方法。

成果指标：

1. 正确读写并理解"均匀、重叠、空隙、叶柄、触角、痕迹、逐渐"等词语。

2. 默读课文，思考、标记"爬山虎是怎样'爬'的"，学习作者的观察方法。

3. 有感情地朗读喜欢的段落，注意读出自己的喜欢之情。

图1-2 课堂教学

其次，要注意成果指标的三个组成部分，即活动主体——谁来完成任务；主体行为——要完成什么任务；行为方式——如何完成任务。如某某小组或个人为邓稼先、钱学森、袁隆平撰写颁奖词。

第三，成果指标应以可操作、可测量为原则，但不是对结果的简单描述，

　　还需要描述出实现指标的策略乃至标准。如教学目标是"学习如何计算不同梯形的面积"，而成果指标不能是"计算……不同形状的面积"，还应该提醒学生"用什么方法、结果记录在……"等。

　　另外，教师要努力让学生参与制定成果指标。我们知道，利用目标促进学习时，关键是学生要认可目标。认可目标涉及两个方面：一是学生认可他人为他确定的目标，二是学生自己建立目标。让学生参与确定实现指标的过程，可以帮助他们更好地投入自己的学习，并对自己的学习负起责任。以某老师对六年级上学期的作文教学安排为例，如下表所示。

单元	作文内容	目标	备注
感受自然	把自己想象成大自然的一员	大胆想象，合乎情理；语言通顺，中心明确	小作文：听声音写所感所想
祖国在我心中	我心中的祖国	合理运用搜集的材料；语言流畅；抒情自然	小作文：读后感
心灵之歌	那一件事温暖我心	围绕"温暖"选择典型事例；叙述时交代清楚记叙六要素	辩论：善意的谎言
珍爱我们的家	借助漫画写感受、编故事	中心明确；起因、经过、结果合乎情理	小作文：珍惜身边的资源
初识鲁迅	介绍自己的小伙伴	人物特点明晰；事例选择典型；叙事流畅	小作文：鲁迅印象
轻叩诗歌大门	自创小诗	选择恰当的诗歌写作方法，抒发自己的情感	诗歌朗诵会
人与动物	写一件与小动物之间发生的事	选材典型；叙事流畅；记叙为主，兼有描写与抒情	小作文：读后感
艺术的魅力	艺术与我	选材典型；叙事流畅；记叙为主，兼有描写与抒情	介绍一种艺术或一件艺术品

　　问题是思维的开始，思维指向问题的解决。所以，成果指标的设立和实施与优质问题密不可分。教师要善于通过主题活动培养学生的思维方式，提高学

生的思维品质，使课堂呈现"思辨"的光彩。教师要充分了解学生已有的学习水平和学习兴趣，设立分层次的成果指标和多样化的活动方式，使每一个学生都能不断地由现有水平发展到最近发展区，都能在自己的努力下获得成功的情绪体验。

四、目标的逆向设计

1. 什么是逆向教学设计

逆向教学设计也被称作"追求理解的教学设计"或者"评价驱动的教学设计"，源自《追求理解的教学设计（第二版）》。本书的作者格兰特·威金斯和杰伊·麦克泰格都是贯通理论与实践的学者，他们和美国50个州及8个国家的K-16（基础教育与高等教育的统称）教育者共同工作，开展了数百次的教师研修工作坊，借助专门网站进行各学科案例收集、评价与修订工作，形成了对目标评价模式发展和创新的一套完整的教学设计理论与实践体系，受到教育工作者的广泛认可。

什么是逆向教学设计？即教师在考虑如何开展教与学活动之前，先要努力思考学习要达到的目的到底是什么，以及哪些证据表明学习达到了目的。也就是"以终为始"，从学习结果开始的逆向思考，所以被称为逆向教学设计。在常态教学设计中，评估是教师最后要做的工作，而逆向教学设计要求教师在确定了所追求的结果后，首先要考虑评估方案。因而，此"逆向"正是与常态教学设计的思维有"逆"，"逆"得有理，也"逆"得值得关注。

逆向教学设计之所以被称作"追求理解的教学设计"或者"评价驱动的教学设计"，是因为该教学设计思想从教学活动的准备和实施全程都在设计如何评价学生的"理解"，是基于评价的教学设计，是评价驱动的教学设计。与我们常态的教学活动完成之后再评价的策略相比，从思想到实践上都有很大的区别。同时，逆向教学设计不仅仅是一种教学方式，对学习者也有着深入研究。学习者是如何理解的？该教学思想认为，具有多维性和复杂性的"理解"可以概括和界定为解释、阐明、应用、洞察、深入、自知六个侧面，都可以用可见、可测的动作指标进行评价，这样就可以最大限度地帮助学习者完成学习活动，也给教师在课程改革过程中以开阔的思路和清晰的路径，让学科核心素养、深度学习等诸多浮于云端的理念有了可循的方向与支架。

2. 为什么逆向教学设计更好

在实际的教育教学中，我们关注的是"教什么"和"怎么教"，往往从固定的教材、擅长的教法以及常见的活动开始思考教学。多数教师花更多的时间思考自己要做什么、使用哪些材料、要求学生做什么。而今天的教育教学，应该思考的是学生"学什么""怎么学"和"怎么学得更高效"，也就是从输入端去设计自己的教学。"怎么学"和"怎么学得更高效"实际上就是"理解"和"评价"的问题。逆向教学设计就是这样一种基于"理解"和"评价"的教学方式。教师只有掌握了评估的标准，才会从源头上改进教学，提高教学质量。当我们考虑到教育目的——"理解"时，逆向设计法的适用性就更加清晰。如果我们不清楚所追求的特定"理解"是什么，不知道在实践中这些"理解"是如何表现的，那我们就不知道如何"为理解而教"，不知道应该采用哪些材料或开展哪些活动。只有明确地知道预期结果，我们才能专注于最有可能实现这些结果的内容、方法和活动。

首先，逆向教学设计是以学习者为中心的教学设计。在教学活动中，教和学都应该是清晰的，甚至是可见的。学生应该知道什么、理解什么、能够做什么、什么内容值得理解、什么是期望的持久理解，教师作为学习设计师，更应该清楚。逆向设计把学习活动分为三个阶段（如图1-3），设计者在决定"教什么"和"如何教"之前必须思考如何开展评估，而不是在一个单元或一个课程学习即将结束时才构建评估。逆向设计要求我们在开始设计一个单元或课程的时候，就要通过评估证据将内容标准或学习目标具体化。这样就可以保证学生的每一个学习阶段都在教师的评价范围之内，教师可根据评价的情况，及时调整教学策略。可以说，"教—学—评"是一体的，是以学生的学习活动为整个教学的主体。

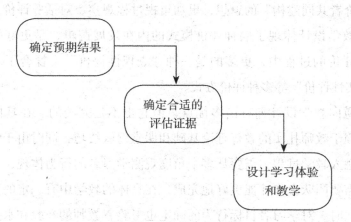

图1-3 逆向设计三阶段

　　其次，逆向教学设计是对泰勒"目标评价"模式的继承和发展。逆向教学设计仍然以泰勒的目标评价模式为理论基础。在逆向教学设计中，评价的过程和性质同泰勒的倡导完全一致。评价过程实质上是一个确定课程与教学计划实际达到教育目标程度的过程。然而，由于教育目标实质上是指人的行为变化，也就是说教育力求达到的目标是使学生的行为方式产生所期望的某种变化。因此，评价是一个确定实际发生行为变化程度的过程。在逆向评价中，作为教育评价的教育目标同样是学生评价的出发点和依据，教育目标同样以具体的行为目标来加以界定。不同的是，逆向教学设计避免了泰勒模式"简单化""物性化"的缺点，充分考虑了学习者的"理解"过程。同时在"理解"的过程中一直跟进评价，从而使目标评价模式得以发展，使其更加适应新时代对学习者的心理学、教育学支持。

　　最后，逆向教学设计融合了CIPP评价模式、目标游离评价思想和自然主义评价模式的优点，也是多种评价类型的糅合。CIPP评价模式强调对目标的合理性进行评价，更加重视全过程的评价。逆向教学设计同样重视目标的合理性和全过程评价。只不过，CIPP评价模式是从计划、组织、实施到再循环的正向一致循环评价，更加适合大型活动或商业管理；而逆向教学设计是按照学习活动的规律实施全程评价，是更加适应作为"人"的个体学习的评价。同时，逆向教学设计吸收了目标游离模式"以顾客为基础、以消费者需要为导向"的思想，是以学习者为中心的评价，吸收了自然主义评价模式"评价过程是评价者和被评价者共同建构"的思想，更加重视过程观察、对话等评价方式。可以说，逆向教学设计体现了四种评价模式的内在发展逻辑，是更好的教学改革方向。在评价的过程中，更多的是一种"表现性评价"，糅合了"形成性评价""真实性评价"等多种评价方式。

虽然逆向教学设计拥有诸多优点，但它也不是完美的。在具体实施过程中，既有赖于教师扎实的教育理论基础和课堂驾驭技巧，同时由于评价先于教学过程、融入教学过程，需要从多个角度观测学习者的行为体现，往往顾此失彼，有时需要团队合作才能更好地完成，在具体的教学中有一定的适用范围和局限性。同时，对学习者目标行为的确定也考验着教师的经验和水平。即便如此，逆向教学设计依然是一种更加符合教育规律、知识形成和建构规律的教学实施方式和教育活动，值得我们对其进行深入研究和全力实施。

参考文献：

［1］（美）格兰特·威金斯（Grant Wiggins），（美）杰伊·麦克泰格（Jay McTighe）著．闫寒冰，宋雪莲，赖平译．追求理解的教学设计［M］．上海：华东师范大学出版社，2016.

［2］（美）拉尔夫·泰勒著．史良方译．课程与教学的基本原理［M］．北京：人民教育出版社，1994.

第三节 目标的落实

经过不懈的实践摸索，我们分别从教材、题材、语言文字、训练等角度对三维教学目标在阅读教学中的落实进行探究，进而归纳出一套行之有效的落实策略。

一、有效落实知识与能力目标的策略

知识与能力是三维目标中的第一维目标，其中知识指的是人类生存不可或缺的核心知识和学科基本知识；能力指的是获取、收集、处理、运用信息的能力以及开拓创新的能力、终身学习的能力。

具体到阅读教学，语言的"知识和能力"主要指为了适应未来生活和社会的进一步发展，人们所必需的语文知识以及基本的语文能力。对语文知识的概括，王尚文先生的观点比较有代表性。他认为："所谓语文知识，不仅包括语言知识，还包括言语知识和语文文化知识。"

语文阅读教学专家曾祥芹认为，阅读能力是一个多维的、立体的、开放的动态系统，包含阅读感知、阅读理解、阅读鉴赏、阅读迁移和阅读创造等能力层级。

可以说，语言知识和语文能力是语文素养不可或缺的构成部分，掌握和运用语文知识和技能最终可以使学生的语文素养得到全面提升。

1. 熟读深思，择要精讲

讲是阅读教学的传统方法，也是达成知识和能力目标的基本方法。可是在实际教学中，很多教师要么"满堂讲、满堂灌"，要么视讲读法为素质教育的"敝履"，认为"讲"越少越好，不讲更好，以至于忽视了必要的阅读和讲解。学生对于文本的理解过程如蜻蜓点水，浅尝辄止，严重影响了语文素养的提高。叶圣陶先生认为："讲当然是必要的……问题可能在如何看待'讲'和'怎样讲'……教材无非是个例子，信得过这个例子使学生能够举一反三，练成阅读和作文的熟练技能，因此教师就要朝着促使学生'反三'这个标的精要地'讲'，务必启发学生的能动性，引导他们尽可能自己去探索。"所以，教师并不是不能讲、不要讲，而是要精讲。精讲应在学生充分读书的基础上，抓住课文中的重点词、句、段，品读、细思、揣摩、体悟。教师作为学习活动的组织者、引导者、促进者，要从教学规律、教材特点和学生实情出发，精心选择和设计好自己的"讲解点"，要使自己的"点讲"更好地激发学生自主阅读、合作探究的兴趣，利于学生创新意识和实践能力的培养，更能把学生的思维引向深入。

2. 精心设疑，启发引导

提出问题、解决问题的过程，就是学生能力提高和发展的过程。因此在教学中，教师要努力营造问题情境，精心设计问题，把问题作为链接整个课堂的纽带，沟通学生与文本的桥梁。教师提出的问题要符合教材的特点和学生的实际，应体现教学的重难点；问题的设置应难易适中，符合由易到难的规律。此外，在阅读教学中，教师要多启发和引导学生。通过启发，让他们自己去发现问题；通过引导，让他们带着问题去思考、寻找答案。

3. 整体感知，重点探究

现代阅读学认为，心理的发展是一个整体认识的心理活动过程，即浏览语言文字，形成整体印象，然后揣摩文章的谋篇布局、遣词造句，最后再回到文章整体上去，获得发展的整体印象。整体感知就是在阅读文本时从全篇的角度对不同的层面进行考察与理解，不对字、词、句进行过细分析，是阅读教学的起点和指导思想。每一篇课文都是字、词、句、段围绕一个共同的主旨——中心思想而构成的有机整体。根据整体—部分—整体的阅读心理特点，我们在阅读教学中也应引导学生先通读全文，整体把握文章，再对各部分做细致分析，最后再回到整体上进行综合归纳，从而达到对整篇文章内容的准确感知和深入理解。

在重点探究部分，教师要引导学生从言语体式的整体感知出发，对整体观照下的局部进行探究分析。从文章构成来看，并不是文章的每一部分在表现文章中心时都发挥着相同的作用，所以教学过程中我们要对文本的内容进行有重点的安排和有区分的对待。如抓住文章的点睛之笔进行分析，或抓住文中的关键语句、语段进行探究，揣摩作者在谋篇布局方面的独到，领会作者在选题立意方面的精妙。

4. 举一反三，巩固训练

古人云："操千曲而后晓声，观千剑而后识器。"阅读知识的积累与阅读能力的提高，需要进行大量的阅读实践。为了提高"知识与能力"目标的达成效率，在完成教学任务时，教师要尽可能地布置有针对性的课内和课外作业。

二、有效落实过程与方法目标的策略

"过程与方法"目标指的是在教师指导下，学生获得新知识的基本程序和具体做法。其中"过程"强调师生学习的共同经过、体验，而方法则强调在这一学习的过程中所使用的学习方式。它既包括基本的学习方式，如自主学习、合作学习、探究学习等；也包括具体的学习方式，如发现式学习、小组式学习、交流式学习等。在语文阅读教学中，"过程与方法"就是教师以一定的方式或方法组织教学，促使学生感受、体验，提高自身能力，同时学习解决问题的方法过程。这在课程标准中有着明确的表述，如"阅读教学的重点是培养学生具有感受、理解、欣赏和评价的能力，提倡多角度、有创意的阅读，各个学段的阅读教学都要重视朗读和默读，加强对阅读方法的指导，让学生逐步学会精读、略读和浏览"。

1. 重视朗读和诵读

叶圣陶先生指出："语文学科不该只用心和眼来学习，须在心与眼之外，加上口、耳才好。"有感情地朗读，才能深入理解课文的思想内容与表现方法。在朗读教学中，可先让学生朗读，以了解学生的读音是否正确、句读是否清楚、意义是否理解。在朗读正确、清楚的基础上，才能要求学生对文章进行有感情地朗读。

课标"要求学生诵读，以利于积累、体验、培养语感"。诵读是以背诵美文、积累语言精华和写作范式为目的的阅读方法。对于古诗、文言短文的背诵应在课内完成。

2. 注重感悟和品味

"感"是感受，"悟"是体悟，感悟指的是深切地感知作品中人物的情感和命运，细细地体察人物内心的颤动和变化。品味指的是对作品语言的细致琢磨，找出隐藏在文字背后的意义。课标指出："阅读是学生个性化的行为，应让学生在主动积极的思维和情感活动中加深理解和体验，有所感悟和思考。""要珍视学生独特的感受、体验和理解。"

3. 注重发挥学生的主体性

在阅读教学的过程中，教师要为学生创设和谐、愉悦的阅读氛围和阅读环境，时刻关注学生阅读态度的变化，根据学生的反应来调整阅读的内容和问题的设置。另外，在阅读教学方法上，要用教师导读下的以学生自读为主代替过去的讲读为主，让学生在"读、思、议、悟"的过程中提高阅读能力。

三、有效落实情感态度与价值观目标的策略

语文课堂阅读教学的情感态度与价值观就是要培养学生高尚的道德情操和健康的审美情趣，使学生形成正确的价值观和人生态度。

1. 目标整合，注重联系

情感态度和价值观的形成与发展依附于读者对知识的理解和掌握，学生学习的过程和方法是否合理，直接影响着学生学习的结果。课程标准也要求在阅读的过程与方法中渗透对学生情感、态度和价值观的教育。因此，在进行阅读教学时，教师要指导学生深入理解知识与现象的内在联系，理清体验并珍视探究过程中的各种感受，激发情感，形成科学的态度和具有生命意义的价值观。

2. 创设情境，激发情感

教师可以通过朗读、课件、录音、录像、讲故事等方式让学生进入与课文相似的情境，以拨动、引发、激起学生情感的涟漪和共鸣。

3. 填补空白，对话提升

教材中的文本包含大量语义空白和语义未确定性，这些空白给学生提供了巨大的创作空间，学生可以通过自身的经验及自己对这个世界的理解与想象对空白进行解读和反思。现在的学生思维活跃、知识面广、阅历丰富。教师应根

据这一特点，在教学中抓住时机，引导学生挖掘、填补文中的空白。

阅读教学是学生、教师、文本、编者之间的对话过程。阅读教学应珍视学生的独特感受，鼓励学生个性化的见解。要使学生敢想、会想、肯想，开发学生潜在的主动因素，鼓励学生运用多维视角思考，解决阅读教学中出现的问题。学生通过生生对话、师生对话获取他人的阅读体验，提升自己对文本的理解，正是其审美发展的过程。

4.联系生活，拓展体验

教育离不开生活。生活是学生人文精神养育的"沃土"，学生人文精神的获得一部分来源于生活中的直接经验（如生活中的对话、交往、情境等），另一部分来源于间接经验（书本、电视、网络等）。把这些间接经验内化为学生人文精神的最佳途径，就是在生活中实践和强化。在教学过程中，一方面教师要加强阅读教学与生活的联系，注重课文与生活在情感、态度和价值观方面存在的相似点和共鸣点；另一方面，教师要教会学生一些去伪存真的方法，使其在间接经验中获得正确的思想教育和人文精神的养分，在生活中加强情感体验与审美体验的实践。

四、目标"双层呈现"实践策略

教学目标是教学活动所要达到的标准，是教学工作的出发点和归宿。根植学校开展的思维碰撞教学改革，把教学目标和成果指标分为两部分来呈现，即在教案中呈现教学目标，在学业纸（学生学习任务单和活动纸）中呈现成果指标，以更好地指导学生的学习行为。

成果指标的提出与实践是课题研究的主要成果，是对教学目标设计与实施的进一步深化，在师生两方面都取得了重大成果。教学目标即教师期待学生学会什么，而成果指标可视为学生成功学会的"成果（学习产品）"或"表现（包括过程、行为、方法、途径等）"。教学目标可以通过一节或几节课来实现，较为笼统；成果指标是一课时达成的成果或表现，比较具体。也就是说，教学目标具有概括性和包容性，面向的是课程目标的实现，而成果指标则首先需要思考学生实现目标的可能性。

教学目标与成果指标二者的撰写目的和实施对象不同。成果指标是让学生明确"做什么和怎么做"，服从于教学目标，是教学目标的行为化、外显化。思维碰撞课堂实行目标的双层设计与呈现。教学目标是教师引导学生思维碰撞的"路线图"，成果指标是学生开展自主合作学习、生成精彩观念的"航向标"。只有教学目标清晰、成果指标准确，才能真正形成思维碰撞课堂，实现学生自主地学、快乐地学、创造性地学、在做中学。

教学目标具有导向功能、激励功能和调控功能，既是评价教学的依据，也是调整教与学的关系、协调教学各要素关系的依据。要设计好、运用好目标，就要在"旅行"之前做好项目设计：① "我要到哪里去"——站位要高；② "我怎样到那里"——看得要远；③ "学生现在在哪里"——定位要准；④ "学生现在要做什么"——考虑要细。

1. 教学目标设计高起点——站位要高

教学目标是教学设计的依据，是教学思想、教学任务的具体体现。教学内容的取舍、教学重点的确定、教学结构和教学活动的组织、教学方法和教学手段的选择，须从教学目标出发。可以说，教学目标的设计与实施决定了课堂教学的层次与成败。思维碰撞课堂之所以能取得成功，原因就在于课堂学习活动的思辨性，关注学生在活动过程中是否进行了理性的思考。也正因如此，思维碰撞课堂采用小组合作的组织形式，更大程度地发挥学生的自主学习与主动探究精神；把优质问题当作课堂教学的起点和基础，尊重学生思维发展的基本规律；开发了学业纸、微课程、思维导图等学习支架，帮助和促进学生的自主学习和思维成果展示。在设计思维碰撞课堂的教学目标时，要求教师站在学生"思维"发展，乃至"人"的发展上考虑。只有站得高，才能看得远、走得顺。

2. 教学目标设计螺旋上升——看得要远

在实际教学中，教师往往关心每一节课的教学目标，对单元、整本教材乃至整个学段的教学缺少关注。实际上，每一节、每一章、每一组、每一册、每一年都有目标。"不积跬步，无以至千里。"只有从整体上关注教学目标，统筹安排教学内容，才能实现教学效率的提高。

3. 成果指标确立清晰而具体——定位要准

如果说教学目标是告诉教师"我要去哪里""我怎样到达那里"的话，

那成果指标就是告诉学生"我们现在在哪里""我们现在要怎么做"。所以，教师对每节课学生要达成的成果指标必须是清晰的、具体的。所谓"清晰而具体"，一是要"明"，教师对学生本节课做什么、怎么做和做到什么程度要了然，学生自己也要了然；二是要"小"，要真正抓住教材的核心，用最恰当的方式方法展现学生的思维发展成果；三是要"少"，一般每节课的成果指标为2至3条，其中重点指标1至2条即可。当然，根据年级和内容不同，要求稍有不同。

4. 成果指标确立生成性——面向思维

所谓生成性，就是指成果指标不是教师强加给学生的，而是学生学习发展中自然生成的需要，所以有的教师也会把成果指标称为学习目标。目标可以在学业纸中呈现，也可以课前展示，还可以随着教学进程分段展示。但不管用哪种方法展示，必须得到学生的选择和确认，真正调动学生学习的积极性，发展学生独立思考和批判反思的能力。

五、"整组推进，高效阅读"教学策略

（一）什么是"整组推进，高效阅读"

"整组推进"是"教"的方式，是相对于部分教师不能针对当前教材"主题单元编排"的教材特点进行准确解读、高效施教的现象提出的教学要求。

这里的"组"首先是教材中的单元组。每一组都有基于前一组和后一组不同的三维目标、主题特点、训练重点、教学难点，教师只要准确解读本组教材，确立适当的教学目标，设计科学的教学环节，就可以最大限度地减少无效劳动，节省学生的学习时间，提高单位时间的教学效率，从而避免"教师教得辛苦，学生学得劳累"的局面，打造生本高效的课堂教学，进而推动语文学科教学的科学发展。

"组"还指教研组。学科教研组是学校校本教研最基础、最富有活力的细胞，只有充分发挥学科教研组的智慧、能量，建立一种智慧碰撞、信息共享、真情互动、共同成长的教研组织，才能真正推动课程改革的成功运行。有赖于这种教研共同体，"整组推进"就要分工合作。组内成员每人在学期初就已经对本册教材的某一单元进行了充分备课，从年级目标到学期目标、从单元目标

到课时目标、从单元主题到文外资源、从教学重点到教学难点、从教学课件到作业设计等，都进行了充分解读与备课，教学前再进行充分的组内教研、建言献策、修改完善，每一组就都有了成熟的教学设计。教师个人教学时，只需结合个人风格、特点进行二次备课，就可以使课堂教学扎实、高效。

"高效阅读"是"学"的要求。有了整组推进式的课堂教学，师生就都可以有时间进行大量阅读、开展语文实践活动，从而促进学生的全面发展。

（二）"整组推进，高效阅读"课程教学如何实施（即常用教学流程）

第一个板块：单元导读课，整体感知。

由单元导语入手，了解单元主题，把握单元的训练重点；结合词语盘点，扫清词语障碍，掌握本单元的字词；初步浏览课文，了解课文大意，填好预习学习单；结合资料袋，指导资料搜集。

低年级：读懂导语，整体感知单元内容；自读单元课文，画出生字词；养成良好的预习习惯。

中年级：读懂导语，整体感知单元内容；结合词语盘点，解决生字词；读通、读顺课文，提出自己不懂的问题；提供阅读预习卡（学业纸），提供同一主题课文的学习方法，培养质疑问难的能力。

高年级：读懂导语，整体感知单元内容；结合词语盘点，解决生字词；速读浏览课文，提供或提倡自己制作阅读预习卡（学业纸），能够多角度提出问题，如主题的角度、体裁的角度、表达的角度等。

第二个板块：理解内容课（精读、略读课），局部体验。

由精读课文入手，指导学生品味语言，把握人物形象，理解课文内容，引导学生自主探究；略读课文部分，进行情感体验，迁移运用学习方法。

低年级：能够概括文章的主要内容，并明白课文告诉我们的道理。

中年级：要清楚主要内容，并能够理解课文中的句段，领悟文章所要表达的思想和情感。（可以尝试整合两篇课文讲读）

高年级：概括主要内容，揣摩文章中含义深刻的句子含义，领悟文章所要表达的思想和情感。（由两篇课文整合，到多篇文章整合）

第三个板块：回顾总结课，领悟表达。

结合语文园地中的交流平台，回顾本单元的人物，体会人物描写如何更加生动形象，整理本单元好词、好句、好段，领悟表达方法。

低年级：主要从词语和基本句式的角度领悟表达的作用和效果。（词组结构等）

中年级：从课题、词语、句子、段落的角度领悟表达的作用和效果，能够辨析一些常用的表达方法。

高年级：从体裁特点、课题、词语、句子、段落、篇章结构的角度领悟表达的作用和效果，能够评价理解文章的表达。

第四个板块：习作训练课，先说后写，先写后评。

了解语文园地中的口语交际和习作要求，从口语交际向习作自然过渡。让学生在交流的基础上练习写作，互相评价，并在习作后进行点评。

低年级：以口语交际训练为主。

中年级：保证同一主题下的口语交际和习作的一致性，在总结课上练习表达，进行写作。

高年级：保证同一主题的连续性，先说后写，先写后评。

第五个板块：阅读指导课。

结合绘本、名著等指导学生进行整本书阅读，结合报刊、电影、网络资料等指导学生进行资讯阅读、影像阅读和网络阅读，结合经典名篇指导诵读。掌握阅读名著的方法，学会鉴赏、评价名著。在课外阅读的训练中指导学生掌握诵读、选读、猜读、速读等阅读技能。

低年级：指导学生阅读绘本、儿童报刊，能概括出文章（文本）的主要内容（谁、干什么），概括全文蕴含的知识和道理，初步养成读书习惯。选取经典名句进行诵读，形成诵读的习惯。

中年级：指导学生阅读绘本、整本书、儿童报刊，培养学生选读、猜读、速读的能力。选取经典名篇进行诵读，培养学生诵读的能力。

高年级：在中年级的基础上加大整本书阅读指导，进行网络阅读、电影阅读的指导和诵读名篇的训练。

第六个板块：学习成果展示课，展示交流。

整合"交流平台""日积月累""课外书屋"等栏目，结合学生整理的学习笔记、手抄报进行学习成果展览；结合整本书创编课本剧，并进行表演；结合阅读和写作实践进行读写辩论。

低年级：进行笔记和手抄报展览、儿童剧表演等。

中年级：读书笔记、手抄报、习作展览；辩论赛、课本剧表演、诵读展示等。

高年级：读书笔记、手抄报、习作展览；辩论赛、知识竞赛、速读比赛等；课本剧表演、诵读展示等；读书经验交流会。

（三）对"整组推进，高效阅读"课认识上的两个"不等于"

1. "整组推进，高效阅读"课堂教学不等于一篇课文一篇课文地教，而是在教语文"课程"

首先，有些文质兼美的文章或者名家名篇，我们必须一课一课地讲，而且要讲得神采飞扬、熠熠生辉，真正让学生受益终生，这就是适合精读的课，这种课就要上成精读课。但每个单元四、五篇文章都得上这样的课吗？肯定不行，一则到了中高年级，每组本身就有了略读课文，略读课文就不能当精读课上；再则哪怕同样都是精读课文，我们作为教师，也有权利和义务对教材进行改编、取舍、增删，因为"教材无非是个例子"（叶圣陶语）。

特别是2011版新课标出台后，教师要变教语文课为教语文课程。语文课和语文课程，一字之差，区别很大。就像开篇引子所提出的，学生需要的不仅仅是字、词、句、段、篇，不仅仅是听、说、读、写、练，不仅仅是句、逗、问、叹，也不仅仅是诗词歌赋，而是所有这一切的总和，因为生活处处是语文，生活才是教师教给学生的语文课程。所以，教师在上好精读课的同时，还要上好整合课、单元导读课、单元回顾课、读写结合的作文指导讲评课、阅读课，阅读课还可以包括读物推荐课、读书交流汇报课、名家名篇赏析课、自主阅读课等。这样，每种课的特点相互补充，将其整合在一起，就能呈现给学生一桌丰富的营养大餐。

2. "整组推进，高效阅读"不等于一篇课文一篇课文地读，而是一种推一及十的"大阅读"

阅读对于提升一名学生语文素养的重要性不言而喻。有专家曾做过实验，如果测试一下学生在教师指导下花费了两个课时来学习一篇课文后的知识获取和积累情况，结果发现和他自己用二三十分钟的自主阅读差别并不大。那么在这两个课时中，教师的作用是什么？我们跳出一名语文教师的小圈子来看，学生一学期二十周一百四十天，读一本薄薄的语文书（一般八个单元三十二篇课文）是不是少了？2011版修订课标要求语文教学要"扩大视野，初步掌握学习语文的基本方法，养成良好的学习习惯"，要"提高阅读品位""加强对课外阅读的指导"……

如何进行大阅读？基于"整组推进，高效阅读"的大阅读基本流程为：

精读（略读）—群文阅读—整本书阅读

精读课文，习得方法；略读课文，实践方法速读群文，形成能力；浏览整本书，发展能力。基本策略可以是一篇带一类，比如写景类、记事类、写人类、童话类、古诗类、动物小说类等，通过一篇课文教给学生读的方法、写的方法，实现"整组推进，高效阅读"；可以是一篇带一组，比如"走进春天"这样一个单元，通过一篇课文教给学生仔细观察的方法、细致描绘的方法，学生用这种方法就可以读好学好本组的其他篇目；还可以一篇带一本，比如讲《冬阳童年骆驼队》，就可以读林海音的《城南旧事》，这样的例子很多。群文阅读的基本方式有：

①同题比较阅读；②同一作家相近风格作品阅读；③同一主题作品阅读：母爱、顽童、自然；④同结构（写作手法）作品阅读；⑤同体裁作品阅读：童话、神话、诗歌、散文、微型小说；⑥观点相左作品阅读；⑦观点相似作品阅读；⑧古今互文阅读、翻译作品比较阅读；⑨同内容不同体裁比较阅读；⑩连续性文本或非连续性文本阅读。

（四）"整组推进，高效阅读"课程改革的四个关键词

1. 目标

目标必须简单化、序列化，指向性要强。教师必须站在课程和整套小学语文教材的高度，按照单元设计的模块教学，一节课可以只要一个教学目标，最多两个，围绕教学目标，打破惯性思维，设定省时、高效的教学环节，充分运用小组活动，提高教学效率。这样一课一得，课课相连，实现"整组推进，高效阅读"。

2. 方法

阅读有阅读的方法，识字有识字的方法，教师心中要有"方法意识"。只有掌握了方法，学生才能学得轻松，教师才能教得轻松。课内习得方法，课外大量实践，是"整组推进，高效阅读"的关键。

3. 整合拓展

语文课内资源需要整合。有的课文要强化，比如名家名篇、经典篇章；有的课文要弱化，学生一读就懂、一读就会的，就可以少讲。精读可以和略读整合，也可以和习作整合，还可以和语文园地整合。课内外资源也要整合，这就是拓展，可以从单篇拓展到另一篇，也可以从单篇拓展到群文，甚至整本书。

4. 读书

会读书、多读书、读好书，是"整组推进，高效阅读"的落脚点。只有想方设法让学生读到书，把书读到心里，才算实现了我们的改革目的。因此，要重视阅读课的质量，不但要上好自主阅读课，还要上好阅读方法指导课、阅读汇报交流课等。要重视课外阅读，开展读书实践活动，巧用评价的杠杆作用。在读书中，实现师生共同成长。

第四节　目标指引下的管理策略

提高教学效率，在学校层面要强化课堂管理，建设成长型的教师团队，提高备课的质量和效率。一所学校就是一个组织，其办学水平的高低，取决于对人的管理。没有人，组织就不存在。没有优秀的人力资源，组织就不可能生存和发展。组织建立和发展过程中所有的成功和失败，归根结底都与人的因素密切相关。

一、学校层面

（一）确立目标体系，明确"在哪里"和"到哪里"

研究表明，个人的目标与其所在组织的目标一致性越高，个人和组织双方目标的实现程度也越高。反之，个人的目标与其所在组织的目标一致性越低，个人和组织双方目标的实现程度也就越低。要为每位教师打造明确的层级式课堂目标，比如可以着力打造"三级课堂"——有效课堂、高效课堂、智慧课堂，形成课堂特色，实现"高质量、高效益"的教学改革目标。目标设置理论认为，一个人自觉的目标将会约束他的行为，而且高标准的目标总是比低标准的目标更容易产生高水平的工作绩效。要使目标有一定的难度，使教师感到具有挑战性，还要避免目标高到员工难以达到而产生挫折感。

有效课堂指教师遵循教学活动的客观规律，以尽可能少的时间、精力和物力投入，取得尽可能多的教学效果。有效课堂的标准为"教得有效、学得愉快、考得满意"；高效课堂表现为教学的高效率、高质量和高效益。教学效率是指单位教学投入所获得的教学产出；教学质量是指教学活动的结果，考察的重点是学生的具体学习进步与教学发展；教学效益是指教学效果或结果与教学目标相吻合，满足了社会和个人的教育要求。高效课堂的标准包括学的五个维度：情绪状态、参与状态、交往状态、思维状态、生成状态；教的五个维度：有思想、有智慧、有激情、有个性、有文化品位。

智慧课堂是师生展示教学智慧和发展生命智慧的动场。智慧课堂的基本目标包括知识与智慧同步生成、道德与智慧同步发展。它以"简约灵活、情真意深"为追求方向，不仅反对"压制与灌输"的异化课堂，也反对"浮华与虚假"的形式课堂，强调"学生参与度、思维深刻度、课堂效益度"，真正落实"真、纯、实、活、美"的教学境界。如下表：

一级指标	二级指标	分值			得分
课堂文化 （10分）	学生带着问题学习；情境创设合理；教学调控有力	A 10~9	B 8~7	C 6~5	
主体参与 （15分）	学生学习时间充足，积极参与思考和交流活动；参与面广	A 15~12	B 11~9	C 8~6	
知识建构 （15分）	学生应用所学知识，解决新的问题；能提出有创意的见解和思路	A 15~12	B 11~9	C 8~6	
合作对话 （20分）	学生互助合作科学有效；表达清晰，言之有理	A 20~15	B 14~10	C 9~5	
情感体验 （10分）	学生情感充沛，学习兴趣浓厚；体验成功的快乐，情感品质提升	A 10~9	B 8~7	C 6~5	
能力培养 （10分）	会倾听、争辩；会归纳、总结；会自查、评判	A 10~9	B 8~7	C 6~5	
效果达成度 （20分）	目标达成度高；不同层次学生的学习能力都有所提高；学生掌握必要的基础知识与技能，较轻松地完成学习任务，并伴有满足、成功、喜悦等体验，对后续学习有信心	A 20~15	B 14~10	C 9~5	
六条红线 （每条减5分）	1.教学语言平淡无味，无启发激励性，有歧视、挖苦、羞辱或体罚学生的行为。 2.学生学习、研讨、训练时间累计低于每节课时间的二分之一。 3.有严重的"满堂灌""满堂问""满堂练"倾向。 4.学习任务不明晰，无层次性，不能照顾学生差异。 5.教学方法单调，组织形式单一，课堂调控失当。 6.教学反馈不及时、不准确，学习成果不突出、不达标				

有效课堂、高效课堂、智慧课堂的打造，要以课堂创新为重点，把教师引领性学习、同伴互助性学习和个人反思性学习有机结合起来，扬弃国内外教学理论，构建特色课堂教学体系，探索适合现代教育需要的本土教学策略，逐步形成具有本校特色的教学组织形式。

（二）坚持培训是最好的福利，不断提升教师素质

以企业为例：长期以来，国际上的许多著名企业都非常重视员工培训工作。在20世纪90年代初，美国摩托罗拉公司每年在员工培训上的花费达到1.2亿美元，这一数额占公司工资总额的3.6%，每位员工每年参加培训的时间平均为36小时。美国《财富》杂志曾经把摩托罗拉公司称为公司培训的"金本位"。美国联邦快递（Federal Express）公司每年花费2.25亿美元用于员工培训，这一费用占公司总开支的3%。同时，这一公司创建了一种根据知识对员工付酬的报酬系统，每两年对员工的工作知识进行一次测试，并把测试的结果与报酬的增长幅度联系起来。

当然，学校培训的根本目的是促进教师的学习。要以提高教师的整体素质和个人专业发展为核心，建立学习型组织，坚持三个结合，即良好师德与专业素养相结合、自我专业发展与打造研究共同体相结合、教育教学实践与教育科研紧密结合。要鼓励教师勇于创新、大胆尝试，积极引导教师开展教学、教材、教法研究。特别是针对青年教师，可以实施青年教师三项培训发展工程。

1. "青蓝"工程

不断改变新老教师结对帮扶的做法，开展新老教师挂钩学习和名师导教活动，发挥资深教师经验丰富的优势。同时，鼓励资深教师不断学习新课改理念，转变教育观念，掌握"信息技术""网络"等现代化教学方式；鼓励资深教师做教育笔记，写工作日记，撰写个人回忆录，收获自己的教育教学成果。

2. "金桥"工程

在过去"请进来、走出去"的"搭桥工程"基础上，采取"搭台子、结对子、压担子、引路子、定尺子、接果子"的方法，进行教学观摩，组织教学研讨，帮助青年教师迅速提高教育教学基本能力，尽快适应学校要求。

3."充电"工程

开展"青年教师沙龙""青年教师优质课评比""青年教师教学基本功大比武"等活动，实行青年教师汇报课制度，进一步规范青年教师的师德和教育教学行为，鼓励青年教师充分展示自己的才华，争取能够脱颖而出。

二、教研层面

（一）单元整体备课

一个相对完整的单元整体备课，一般包括如下基本内容：一是全面阅读，分析单元教材，明确单元教学主题和整体教学主线；二是逐课阅读教材，找出其与单元整体教学主题的内在联系和教学重点；三是明确各课教学的基础知识和读写训练知识点；四是整体规划各类课文、各个课时的阅读教学策略；五是整体设计与单元整体教学主线相联系的阅读积累，为习作准备语言材料。

单元整体备课的关键就是能准确地定位单元整体教学主题，并以此为线索研究每篇课文与它的对应点，形成整体教学主线，从而保证教学的整体性和高效性。我们从单元习作要求入手，结合口语交际、单元导读来考虑这一问题。

在备课时，我们要求教师有全局意识，改变以往备一课上一课的现象，至少要备好一个单元，对单元的知识训练心中有数以后才能走进课堂。因为教材每一个单元的编排都有一个读写的训练点，教师只有对单元的重点真正做到心中有数，才能把这些训练重点分散在每一课中，并加以突破。

例如统编教材三年级上册第六单元，本单元导语写的是："祖国，我爱你。我爱你每一寸土地，我爱你壮美的山河。"揭示了本单元的人文主题——祖国山河，旨在让学生领略祖国各地美丽的风光，激发学生热爱祖国大好河山的思想感情。本单元的语文要素是："借助关键语句理解一段话的意思；习作的时候，试着围绕一个意思写。"第一个指向阅读，第二个指向习作，读写一体。结合课程标准，可以确定中段的阅读要求与本课教学目标的对应关系：

（1）课标要求"能联系上下文，理解词句的意思，体会课文中关键词句在表达情意的作用"。本课引导学生通过朗读感悟，体会"总起句"这种关键语句在段落中的作用，理解一段话的意思。

（2）课标要求"能初步把握文章的主要内容，体会文章表达的思想感情"。整体把握对三年级学生来说难度较大，本课中教师通过搭建支架的方式，让学生找找课文描写了哪几个地方的景象，来感受小城的干净和美丽。本课对思想感情的体会渗透在字里行间，为四年级学生体会文章的思想感情做好铺垫。

（3）课标要求"积累课文的优美语句、精彩句段"。本课让学生在课堂上充分交流找到的好句，并细化为不重复、有变化和用修辞的语句，初步建立赏析文章的意识，并在课堂上积累下来，为学生的语文学习做好积淀。

教师备课前先研读教材，明确单元主题、教学目标、读写训练点，然后开始备课，最后再集体交流，研讨不同类型课文之间的衔接。

（二）教材整合

教材整合的路径有以下几种：同一单元教材的整合；同一册教材的整合；不同册教材的整合；语文教材与相关文学资源的整合，如语文与非语文教材中文学资源的整合、跨学科之间的整合；语文教材与家庭、社会的整合。

同一单元教材的整合。例如《松鼠》一课属于统编小学语文教科书五年级上册的习作单元，由精读课文《太阳》《松鼠》、"习作例文：鲸""风向袋的制作"，以及"习作：介绍一种事物"四个板块构成。本单元的人文主题是："说明文以'说明白了'为成功。"语文要素是"阅读简单的说明性文章，了解基本的说明方法。搜集资料，用恰当的说明方法，把某一种事物介绍清楚"。单元人文主题和语文要素是吻合的，阅读教学与习作教学的目标是相辅相成的，即通过本单元的学习，学生能运用恰当的说明方法，把某一种事物介绍清楚。教学中，可以把精读与略读进行整合，学以致用，既可以让学生有实践的机会，也能让教学节奏疏密有致，提高课堂效率。

同一册教材的整合。如人教版四年级上册第二单元《爬山虎的脚》和第七单元《那片绿绿的爬山虎》两课虽然不在一个单元，但是都围绕爬山虎而写，而且写的是同一处爬山虎。教学时，我们遵照学生的阅读思维点，将其整合到一起来学习。

不同册教材的整合。纵观小学整个年级段的人教版教材不难发现，一个螺旋上升的体系呈现其中。基于此，在教材整合中，我们依托课内文章，有意识、有目的地寻找相关跨年级阅读资源。如一年级下册学到《胖乎乎的小手》《棉鞋里的阳光》时，教师引领学生拓展阅读了三年级下册的《可贵的沉默》；三年级上册学到《给予树》时，拓展阅读四年级上册的《给予是快乐的》等文章；二年级上册学到《北京》时，拓展阅读了四年级上册的《长城》《颐和园》等文章。低年级段，教师会把自己整合的现成的专题资料呈现给学生，如《我和秋天有个约会》专题。

《语文课程标准》中提到改变课程实施过于强调接受学习、死记硬背、机械训练的现状，倡导学生主动参与、乐于探究、勤于动手，培养学生分析和解决实际问题的能力以及交流与合作的能力。由此，基于达成《语文课程标准》总目标的前提，我们探索根据不同的学习内容，引导学生自主开展学习活动的方法。在活动过程中，学生的个性和潜能得到了充分展现。

请音乐老师给我们编排课本剧；请美术老师和我们一起作诗配画、配故事画，到班里开书法讲座；请音乐老师与我们一起吟唱诗歌课文；把计算机课上学到的知识用于语文课堂的课件制作；我们在快乐走班中开设了"主持与表演"班、学校建立校园广播站、校园小记者等。

同时还可以组织"牵孩子的手在绘本中阅读"活动。绘本将精炼的文字、精美的图画和内涵丰富的故事展现在学生面前，看似一个简单的故事、极少的文字，甚至是无字之书，却能给人一种温润的感动、一种意味深长的暗示，美得令人心醉，打开了学生天马行空的想象之门，也赋予了绘本教学巨大的空间。

下面以五年级上册第六单元《慈母情深》为例，说说如何进行教材整合。

小说场景，一般依据描写对象（主要是人物形象的转换、事件的变化、活动时空的变化）来划分。结合课文举个例子来理解。课文第6～19自然段，是写"我"在工厂找母亲要钱。这是一个大场景，根据人物、事件的变化还可以分出一些小的场景。比如第10～15自然段，写"我"和老头的对话，目的是找母亲（人物增加了、事件细化了），因此可作为一个小场景。后面又可分为"我"在工厂角落发现母亲、"我"和母亲的对话、母亲不顾工友反对给"我"钱等一个个小场景。

细节是指细小的环节或情节，具体指文学作品中人物的语言、动作、外貌、神态、心理及景物、事件、场面等方面细小的环节或情节。比如，课文中人物的语言、动作、神态是人物方面的细节；"四壁的潮湿颓败""光线阴暗"等都是环境方面的细节。

要达成教学目标，还要了解学生已经具备的学习能力。我对统编四、五年级教材中出现的叙事类课文，以及所在单元阅读训练要素做了粗略统计，汇总如下：

单元	人文主题	阅读训练要素	选文
四（上）6	童年生活	学习用批注的方法阅读；通过人物的动作、语言、神态体会人物的心情	《牛和鹅》《一只窝囊的大老虎》《陀螺》
四（下）7	美好品质	从人物的语言、动作等描写中感受人物的品质	《文言文二则》《"诺曼底"号遇难记》《黄继光》
五（上）1	万物有灵	初步了解课文借助具体事物抒发感情的方法	《落花生》《桂花雨》《珍珠鸟》
五（上）6	舐犊之情	注意体会作者描写的场景、细节中蕴含的感情	《慈母情深》《父爱之舟》《"精彩极了"和"糟糕透了"》
五（下）4	家国情怀	通过课文中的动作、语言、神态描写，体会人物的内心	《军神》《清贫》《青山处处埋忠骨》

通过梳理发现，学生在阅读能力方面已经具备"通过人物的动作、语言、神态等细节描写，体会人物的心情及品质的能力。通过抓住关键词句，初步体会文章表达的思想感情"的能力。在这个基础上，进一步学习体会作者描写的场景、细节中蕴含的感情，为后面体会课文表达的思想感情以及通过课文中动作、语言、神态描写体会人物的内心打下基础。

小说作为叙事类文体中的一类，在阅读方法、阅读能力方面有着特殊的要求。我对统编四、五六年级教材中出现的小说类课文进行了粗略统计，汇总如下：

单元	人文主题	选文	阅读训练要素	课后习题
四（下）6	七彩童年	《小英雄雨来》《我们家的男子汉》《芦花鞋》	学习把握长文章的主要内容	《小英雄雨来》课文多次写到还乡河的景色，找出来读一读，再说说写这些景色有什么作用
四（下）7	美好品质	《"诺曼底"号遇难记》	从人物的语言、动作等描写中感受人物的品质	"诺曼底号"遇难时，哈尔威船长是怎么做的？你从中感受到他怎样的品质
五（上）6	舐犊之情	《慈母情深》《父爱之舟》《"精彩极了"和"糟糕透了"》	体会作者描写的场景、细节中蕴含的感情	默读《慈母情深》一文，边读边想象课文中的场景，说说哪些地方让你感受到"慈母情深"。读下面的句子，注意反复出现的部分，想想它们的表达效果。课文中还有一些这样的语句，画出来和同学交流
五（下）1	童年往事	《祖父的园子》	体会课文表达的思想感情	《祖父的园子》中，体会祖父的园子在"我"心中的美好形象。结合相关内容，说说祖父的园子是个怎样的地方
五（下）2	古典名著	《草船借箭》《景阳冈》《猴王出世》《红楼春趣》	初步学习阅读古典名著的方法	《草船借箭》课文中还有一些体现人物特点的语句，画出来和同学交流。对《景阳冈》中的武松，人们有不同评价。你有什么看法？说说你的理由
五（下）5	习作单元	《人物描写一组》《刷子李》	学习描写人物的基本方法	说说《人物描写一组》中三个片段的人物分别给你留下什么印象？你是从哪些语句体会到的？结合《刷子李》课文内容，说说刷子李这个人物的特点
六（上）4	小说单元	《桥》《穷人》《在柏林》	读小说，关注情节、环境，感受人物形象	《桥》中的老支书是一个怎样的形象？找出文中描写其动作、语言、神态的句子，并结合相关情节，说说你的理解。读一读文中描写暴雨、洪水、桥和人群的句子，说说这些描写有什么作用

梳理发现，虽然教材中没有明确提出小说的概念，但是在教材体系编排上，体现了阅读小说这类文体的方法序列。比如本单元所体现的方法：感知场景，抓住场景中的细节，体会作者表达的情感，最后要达到"读小说，关注情节、环境、感受人物形象"，初步形成按照小说文体进行阅读的能力。

三、几点突破

一是在培养学生整体感知和整体把握的能力方面实现突破。《语文课程标准》要求："要重视培养学生良好的语感和整体把握的能力。"目标指引下的管理乃至教研和备课，便于从整体入手，借助学生的好奇心和求知欲（比如"这个单元内容怎么都讲这个""一定还有很多类似的文章吧"等），促使其初步感知单元学习内容；在"部分体验"学习活动之后，再回到整体上对单元学习内容进行全面把握。如此循环渐进，学生的整体感知和把握能力会不断提高，良好的语感也将随之逐渐形成。

二是在开发课程资源、培养语文实践能力方面实现突破。《语文课程标准》指出："语文是实践性很强的课程，应该着重培养学生的语文实践能力。"而语文实践能力的培养并非单靠课堂"言说"，目标指引下的管理乃至教研和备课，可依据学生的认知能力和获知范围，将课堂和其生活世界结合起来，依单元专题采取较为集中的方法途径，学习收集有助于语文学习的信息资料。让学生通过与大量的语文材料（如图片、文字、他人语言、环境等）的直接接触，开阔视野，积聚知识，逐渐形成整理并运用信息资料于课内外学习活动的能力。

三是在尊重学生身心发展特点、培养恒久的学习兴趣方面实现突破。《语文课程标准》在低学段学习目标中，多处强调兴趣的重要性，认为兴趣是积极主动学习、形成求知能力的原动力。整体思考和备课，可有效调剂学生学习的"胃口"，有效刺激学生的求知欲。如"部分体验"课，可尊重学生意愿，选择他们最喜欢的内容学起，若在选择上有分歧，可乘机开展学习竞赛；如"整体感悟"课，为他们搭起成果展示台，进行擂台赛，让学生不断播种兴趣，不断收获喜悦，不断滋长自信。学完一个单元，依据单元主题内容办主题小报："我爱阅读""家乡美""走进鲁迅先生""异域风情"等，将学生每期的手抄报收集整理装订起来，和图书一起供同学们借阅，让学生享受"做书"的乐趣。在这样的大循环交流中，同学们相互学习，课内与课外相互结合，既是对单元内容的补充，又是一个提升。

四是在识字巩固率和识字能力方面实现突破。大量的课外阅读，一方面可使学过的字词在具体的语言环境中多次复现，达到巩固的目的；另一方面则不断接触没学过的字词，为学生提供由初识到熟识的机会。因为学生在阅读过程中，遇到不认识的字词会通过各种途径去求教。为"单课体验"课中补充知识和"整体感悟"课中的成果展示竞赛活动做准备——这是他们学习的动力。这种有意无意的学习活动，既可避免机械的反复"劳作"，又能在长知识的同时长能力。

五是在形成积极的情感、态度、价值观，逐渐养成良好的行为习惯方面实现突破。语文课程的基本特点是"工具性和人文性的统一"，这就是说，学生的人文精神、道德情操及个性风采是其语文综合素养的重要组成部分。教材中每个专题的课文都洋溢着时代气息，充满着童真童趣，蕴含着丰富的人文精神。目标指引下的教研和备课，能集中把握专题——从"整体感知"到"部分体验"阶段，再到"整体感悟"阶段，课内持续反复渗透，课外在综合实践活动中潜移默化。从"感知"到"体验"，从"体验"到"感悟"，认识得到升华，情感得到熏陶，言行得到净化。

参考文献：

[1] 梁均平.人力资源管理 [M].北京：经济日报出版社，1997.

[2] 马西斯等.人力资源管理（第10版）[M].北京：北京大学出版社，2006.

[3] 冯建军.义务教育质量均衡内涵、特征及指标体系的建构 [J].教育发展研究，2011.

[4] 陈玉琨.发展性教育质量保障体系的理论与操作 [M].北京：商务印书馆，2006.

[5] 张一驰.人力资源管理教程 [M].北京：北京大学出版社，1999.

[6] 代利伟.小学语文素质教育点滴 [J].新课程（小学版），2009（4）.

［7］邢建立.关于小学语文学科实施素质教育的几点意见［J］.青年文学家，2009（10）.

［8］唐敏.浅论在小学语文教育中实施素质教育［J］.科教文汇（中旬刊），2009（2）.

［9］陈文强.试论小学语文素质教育教学［J］.成才之路，2009（18）.

［10］王世芳.在小学语文教学中实施素质教育［J］.中国教育技术装备，2009（8）.

［11］李培君.小学语文素质教育浅谈［J］.大视野，2008（7）.

［12］魏玉梅.素质教育中的小学语文教学［J］.林区教学，2009（1）.

［13］魏智明.在小学语文教学中实施素质教育［J］.科教文汇（下旬刊），2009（1）.

［14］叶献萍.小学语文素质教育教学的目标与方法［J］.科教文汇（下半月），2006（9）.

［15］张华.浅谈小学语文素质教育课堂教学［J］.阿坝师范高等专科学校学报，2007（S1）.

［16］周晖.高职高专语文教学中关于加强学生人格教育的探讨［J］.湖南经济管理干部学院学报，2005（4）.

［17］祁福雪.素质教育中如何处理语文教学中的几个重要问题［J］.辽宁高职学报，2001（6）.

［18］郑丽丽.小学在"选美"？［J］.咬文嚼字，2006（7）.

【案例】

小学三年级硬笔书法课程的目标设计与开发

一、硬笔书法课程开发的背景

1. 开发硬笔书法课程的意图

2014年3月26日，教育部发布《完善中华优秀传统文化教育指导纲要》，要求把中华优秀传统文化教育融入学校课程和教材体系，有序推进中华优秀传统文化教育。2017年1月25日，中共中央办公厅、国务院办公厅出台了《关于实施中华优秀传统文化传承发展工程的意见》，提出要围绕立德树人的根本任务，遵循学生认知规律和教育教学规律，按照一体化、分学段、有序推进的原则，把中华优秀传统文化全方位融入思想道德教育、文化知识教育、艺术体育教育、社会实践教育各环节，贯穿于启蒙教育、基础教育、职业教育、高等教育、继续教育各领域。以幼儿、小学、中学教材为重点，构建中华文化课程和教材体系，抓好传统文化教育成果展示活动。2017年10月，党的十九大报告中也明确提出："坚持社会主义核心价值体系，培育和践行社会主义核心价值观，推动中华优秀传统文化创造性转化、创新性发展，继承革命文化，发展社会主义先进文化，不忘本来、吸收外来、面向未来，更好地构筑中国精神、中国价值、中国力量，为人民提供精神指引。"

硬笔书法是对我国传统毛笔书法的沿袭与发展，是现代社会经济、生活和文化发展的需要。书写和说话一样，是人类实现表达思想这一愿望的形式和工具。著名教育家叶圣陶曾语重心长地指出："我赞成小学生、中学生练习钢笔字，因为写好钢笔字是工作、学习和生活的需要。在多数情况下，字是写给别人看的，所以练习写字，一要写得正确，二要写得清楚。"所以开设硬笔书法课程是中华民族文化传承功能的直接体现，能够促进我国文化遗产的保护、传承，提升和创新民族传统文化的精髓和底蕴。

2. 与学校整体育人目标的关系

泰安市实验学校的总体办学目标是让学生阳光、健康、幸福地学习成长。阳光，就是要让学生内心阳光，充分发挥其天性；健康，就是要让学生提高身体素质，真正称得上栋梁；阳光、健康，最终就是要让学生在学校里幸福地成长。为什么要确立这样的办学理念？因为一句我们耳熟能详的话——以人为本。以人为本，最终要以学生的发展为本，让学生感受到学习的幸福，在学校生活的幸福。我们一致认为，学生是独立的生命个体，应认同生命的独立性，尊重个体多元性，发展其不断增强的自我实现的价值，才能让教育价值最大化。学校的校训是"做别人的榜样"，这为师生树立了目标和方向，要求师生坚持不懈、永不止息，以榜样的力量激励自我、感召自我，最终一步步走向卓越。学校努力以"做别人的榜样"为鞭策，力求打造精品教育，成就美好未来。硬笔书法课程是对学校办学目标的进一步落实，是实现学校办学目标的重要一环，既是实现学生阳光健康成长的必要补充，也是对中国传统文化的践行。

3. 与其他课程的关系

硬笔书法课程是学校课程文化的重要组成部分，是众多校本课程的重要组成部分。学校大力实施校本课程开发，初步探索出一条"家校联动、师生互动、学生自主"的特色课程开发途径，形成了家长义教、快乐走班、学生讲坛三大板块的校本课程，门类涵盖科学素养类、人文素养类、生活职业技能类、身心健康类等。该课程能为学校课程体系提供丰富资源，在实施过程中形成对传统文化的传承和创新，与国家课程、地方课程一起构成学生健康成长的营养套餐。

二、小学三年级硬笔书法课程开发的目标设计

小学三年级学生学完硬笔书法课程之后，应该能做到：

1. 认识到书法是我国传统文化的精粹。

2. 掌握正确、规范的书写姿势和执笔姿势。

3. 能逐渐写好楷书汉字的基本笔画。

4. 能掌握楷书汉字的结构规律。

5. 在老师指导下，逐渐写一手规范、美观的楷书硬笔字。

6. 通过书法练习，养成认真负责、专心致志、持之以恒的精神。

7. 乐于与同伴交流中国书法艺术之美。

三、教学内容聚类，形成单元

使能目标	使能目标（整理）	教学内容聚类/确定单元
1.1.1理解书法艺术的发展历史 1.1.2区分书法与硬笔书法的不同 3.2.1知晓楷书的基本特点 3.1.1了解书法的基本书体 3.2.2了解书法历史上著名的楷书大家和作品 1.3.1能说出学习硬笔书法的注意事项，有意识地学习硬笔书法	1.理解书法艺术的发展历史（1.1.1） 2.区分书法与硬笔书法的不同（1.1.2） 3.知晓楷书的基本特点（3.2.1） 4.了解书法的基本书体（3.1.1） 5.了解书法历史上著名的楷书大家和作品（3.2.2） 6.能说出学习硬笔书法的注意事项，有意识地学习硬笔书法（1.3.1）	什么是硬笔书法课程、为什么学习硬笔书法课程

使能目标	使能目标（整理）	教学内容聚类/确定单元
1.1.3理解硬笔书法包含的内容 1.2.1理解硬笔书法的特点 1.2.2了解硬笔书法的书写工具 1.2.3了解硬笔书法的基本要求 1.2.4了解硬笔书法的一般规律（选帖和临摹） 2.1.1通过图片、视频等，掌握正确的书写姿势 2.1.2通过观看示范，掌握正确的书写姿势 2.2.1了解错误的书写姿势 2.2.2了解错误的书写姿势的危害 2.3.1通过图片、视频等，掌握正确的握笔姿势 2.3.2通过观看示范，掌握正确的握笔姿势 2.4.1了解错误的握笔姿势 2.4.2了解错误的握笔姿势的危害	1.理解硬笔书法的特点（1.2.1） 2.理解硬笔书法包含的内容（1.1.3） 3.了解硬笔书法的书写工具（1.2.2） 4.了解硬笔书法的一般规律（选帖和临摹）（1.2.4） 5.了解硬笔书法的基本要求 6.通过图片、视频等，掌握正确的书写姿势（2.1.1，2.1.2，2.2.2） 7.通过图片、视频等，掌握正确的握笔姿势（2.3.1，2.4.1，2.4.2）	课程准备：硬笔书法工具、书写姿势和基本方法
3.3.1掌握楷书的八种基本笔画及其变式 3.3.2通过临摹、示范、比较等方式逐渐写好八种基本笔画 4.2.1能够说出汉字的基本偏旁部首 4.2.2通过临摹、示范、比较等方式逐渐写好汉字的基本偏旁	1.掌握楷书的八种基本笔画及其变式（3.3.1） 2.通过临摹、示范、比较等方式逐渐写好八种基本笔画（3.3.2） 3.能够说出汉字的基本偏旁部首（4.2.1） 4.通过临摹、示范、比较等方式逐渐写好汉字的基本偏旁（4.2.2）	课程实施一：基本笔画、偏旁部首

使能目标	使能目标（整理）	教学内容聚类/ 确定单元
4.1.1理解什么是笔顺规则 4.1.2理解笔顺规则对于写好汉字的意义 4.3.1通过临摹、示范、比较等方式，按照正确的书写规则逐渐写好汉字 4.3.2交流自己的书写体会，改进自己的书写 4.4.1综合运用规则、笔画、偏旁等写好楷书	1.理解什么是笔顺规则（4.1.1） 2.理解笔顺规则对于写好汉字的意义（4.1.2） 3.通过临摹、示范、比较等方式，按照正确的书写规则逐渐写好汉字（4.3.1） 4.交流自己的书写体会，改进自己的书写（4.3.2） 5.综合运用规则、笔画、偏旁等写好楷书（4.4.1）	课程实施二：书写规则、楷书结构
5.1.1理解什么是楷书作品 5.1.2了解历史上著名的楷书作品 5.1.3理解好的楷书作品的特点 5.2.1通过实物、图片、视频欣赏楷书作品 5.3.1在老师的指导下写自己的作品 7.1.1说出中国书写艺术的特点 7.3.1继续主动练习硬笔书法	1.理解什么是楷书作品（5.1.1） 2.了解历史上著名的楷书作品（5.1.2） 3.理解好的楷书作品的特点（5.1.3） 4.通过实物、图片、视频欣赏楷书作品（5.2.1） 5.在老师的指导下写自己的作品（5.3.1） 6.说出中国书写艺术的特点（7.1.1） 7.继续主动练习硬笔书法（7.3.1）	课程实施三：楷书作品
1.3.1能说出学习硬笔书法的注意事项 3.4.1能主动交流书写感受 3.4.2在交流中改进自己的书写水平 4.3.2交流自己的书写体会，改进自己的书写 4.4.1综合运用规则、笔画、偏旁等写好楷书 4.4.2通过案例学会评价作品 4.4.3在评价中改进自我书写的姿势、书体	1.评价学习内容： a.能说出学习硬笔书法的注意事项（1.3.1） b.评价自己和别人的楷书作品（5.3.2） c.通过案例学会评价作品（4.4.2） 2.自我评价： a.能主动交流书写感受（3.4.1） b.交流自己的书写体会，改进自己的书写（4.3.2） c.对比参与前后测查，用实例来证明自己的书写习惯得到了显著提高（6.1.1）	课程评价

使能目标	使能目标（整理）	教学内容聚类/ 确定单元
4.4.4能初步形成评价能力 5.3.2评价自己和别人的楷书作品 6.1.1对比参与前后测查，用实例来证明自己的书写习惯得到了显著提高 6.1.2对比参与前后案例，用实例来证明自己的书写水平得到了显著提高 6.1.3对比参与前后言行，用实例来证明自己的学习品质得到了显著提高 6.2.1反思训练过程中自己的成长，交流实践过程中的困难点，以及克服困难需要学习和深入思考的东西 6.2.2积极改进自己的动作和规范，综合运用硬笔书法知识，提高书写水平 6.3.1主动参与和组织硬笔书法知识的宣传和推广 6.3.2依据自身情况，积极主动地参加学校举办的各种硬笔书法活动和比赛，展现自己良好的书法艺术和心理素质 7.2.1反思整个课程学习过程中自己的成长	d.对比参与前后案例，用实例来证明自己的书写水平得到了显著提高（6.1.2） e.对比参与前后言行，用实例来证明自己的学习品质得到了显著提高（6.1.3） f.反思训练过程中自己的成长，交流实践过程中的困难点，以及克服困难需要学习和深入思考的东西（6.2.1） 3.评价与反馈： a.在交流中改进自己的书写水平（3.4.2） b.综合运用规则、笔画、偏旁等写好楷书（4.4.1） c.在评价中改进自我书写的姿势、书体（4.4.3） d.积极改进自己的动作和规范，综合运用硬笔书法知识，提高书写水平（6.2.2） e.主动参与和组织硬笔书法知识的宣传和推广（6.3.1） f.依据自身情况，积极主动地参加学校举办的各种硬笔书法活动和比赛，展现自己良好的书法艺术和心理素质（6.3.2） 4.能初步形成评价能力（4.4.4） 反思整个课程学习过程中自己的成长（7.2.1）	课程评价

思　维

语文学习的核心仍然是思维。

美国教育家赫钦斯在《教育中的冲突》一文中指出："什么是教育？教育就是帮助学生学会自己思考，做出独立的判断，并作为一个负责的公民参加工作。"古往今来，富有智慧远见的人无不认识到知识只是智慧之果，思维才是智慧之源。人的大脑是由十种思维智能构成的，它们分别是注意力、记忆力、观察力、理解力、推理力、想象力、思考力、洞察力、内省力、创造力。前五种属于人的基础思维智能，后五种属于人的高阶思维智能。基础思维智能帮助人学习知识，但人要想运用知识、创造新知识，则必须依赖高阶思维智能。发展学生的核心素养，就是使学生成为具有敏锐的洞察力、丰富的想象力、严谨的思考力和内省力、积极灵活的创造力的一代新人，成为具有创新思维的人。

第一节　问题——思维的开启

问题是思考的开始，是思维活动的钥匙。"君子之学必好问，问与学，相辅而行者也。非学，无以致疑；非问，无以广识。"（清代刘开《孟涂文集·问说》）陶行知也说："创造始于问题，有了问题才会思考，有了思考才有解决问题的方法，才有找到独立思路的可能。"

思维碰撞课堂的基础，是教师提出的优质问题。课堂上的思考，是学生工作的能量和学习的燃料。教师通过提问促进学生思考、学习和取得进步。有效的提问行为，能使一个传统的以教师为中心的课堂转变为一个以学生为中心、以询问为导向的学习者组织。提问、思考、理解，这三个过程以动态的形式相互作用促进学生的学习、表现和成就。

传统的教学模式是"知识的传授"，学生从教师那儿学习知识。在传统课堂上，知识是静态的、无生命的，独立于学习者的。学习包括听讲、阅读及为了回忆所需的信息而进行的学习。教师主要运用课堂问题来评价学生记忆信息的能力。有专家建议采取一种更有经验、更具引导性和传递性的学习，更积极的学习，更强调高级思维能力的学习，更强调学生对自己学习的责任，更具有合作性的学习，通过合作性的活动将课堂开发成一个互赖性的团体。这些建议将查尔斯·汤姆逊和约翰·泽利引导到下面关于改善教学的观点上：

改革的关键问题是教师是否懂得学生必须通过思考来学习，教师是否懂得怎样激发、激励和支持学生的思考……学生必须通过思考问题和矛盾的解决方式来形成自己的理解，这样的观点和以往将知识看作是事实、教学看作是讲授、学习看作是记忆的观点是不一样的。

这些学者认为，教师必须将自己的专业学习集中在知识、技能上，以及能促使我们从传统课堂转变到以学生为中心、以质疑为导向的课堂信念上来。大部分教师的学生时光是在传统课堂上度过的，而通常我们把以学生为中心的、以质疑为导向的课堂叫作优质提问课堂。

随着教学和学习新观点的出现，对提问行为的考虑也具有不同的方式。弗朗西斯·P·亨金斯观察到，我们对问题的观念正在改变，以往将问题看作是评估具体学习细节问题的工具，现在将问题看作是积极处理、思考以及有创造性地运用信息的方式。很多教育者正在逐渐让学生放弃认为问题一定有特定答案的观念，并帮助学生将问题视为了解知识的多样性、复杂性及丰富性的主要工具。更多的教育者正在帮助学生理解问题是思维和知识生产的语言学目标。亨金斯指出的这种问题不是某些游戏里面使用的，而是能引导学生更好地理解知识的结构以及知识与其个人生活联系的。

如果说问题是思想的工具，那么提问过程决定着谁将参与其中。教师的提问行为影响着哪些学生究竟能学到多少。比如，教师总是更喜欢叫成绩比较好的学生，而不是叫那些成绩比较差的学生，这样就给了那些在成绩上具有优势的学生更多的机会。这样做的结果是，在多年的学校生活以后，成绩比较差的学生往往已经习惯得到比较低的期望值，他们会逐渐淡出教师的视线，甚至辍学。我们绝大部分教师是能够做到在课堂上给予所有的学生平等的机会的，本书第三章给出了一些能够在思维和提问过程中调动所有学生积极参与的策略。

教师通过提问过程影响学生学习的另外一种方式是对等待时间的运用。是否要给予学生的回答一定的等待时间以及等待时间的长短，主要取决于回答问题的学生成绩是比较优秀还是比较差。提示以及其他一些激发学生回答的策略的运用也是同样的道理。因此，即使在同一个课堂上，成绩好的学生也比成绩差的学生在提问过程中得到的机会更多。在第四章，我们会探讨有效激励学生的各种方法，这样他们就能在思考和回答的过程中更积极地参与。

提问过程不仅仅是一个从学生中获得答案的工具，还能引导学生在找出答案的过程之外进行思考和学习。教师对学生反应的处理，比如促使学生提问或补充同伴的答案等，都对学生继续进行思考和学习具有重要的影响作用。第五章将探讨教师反馈以及其他影响学生思考和讨论教师行为的作用，第六章将讨论将学生变为提问者的策略。

何谓优质问题？优质问题是课堂上围绕核心任务激发学生达到更高认知水平的、更好的问题设计。优质问题是学生思维活动的核心，更是教师教学设计的核心。阅读教学中的优质问题，是相对于课堂教学中过多、过细、过浅、过滥的提问而言的，它能在课文阅读教学过程中起主导作用、支撑作用，能让学生真正进行整体性阅读，从而提升学生的发展性学力。优质问题是阅读教学中立意高远的、有质量的课堂教学问题，是深层次课堂活动的引爆点、牵引机和黏合剂，在教学中显现着以一当十的力量。

从课堂教学改革创新的层面上看，优质问题的研究与实践有着以下意义：

（1）优质问题的研究实际上是课堂提问的训练性研究，其着眼点与着力点是教师在教学中用尽可能少的关键性提问或问题，引发学生对学习内容更集中、更深入的思考和讨论探究。

（2）优质问题是经过教师概括提炼的问题，对教师把握教材的水平和课堂对话的能力提出了很高的要求。优质问题的广泛运用，将在很大程度上提高教师深入细致地钻研教材、研读教材的水平。

（3）优质问题的设计与运用，有利于课堂上大量实践活动的开展，有利于简化教学头绪、强调内容综合。

（4）优质问题往往能覆盖众多的细碎问题，不再让学生在教师提问之后立即回答"是"或"否"。所以，课堂教学中师生的互动一般不是表现于细碎的问答，而是表现于师生之间的对话，这将极大改变教师的课堂提问习惯，带来流畅扎实、效率较高的课堂教学过程。

（5）主体活动与优质问题设计相辅相成、相得益彰，优质问题在教学中的运用，能够使学生产生比较长时间的朗读活动、思考活动、交流活动、写作活动，这是一种自然而美好的课堂教学状态。

从学生活动的角度看，优质问题在教学中还表现出这样一些意义：

具有吸引学生进行深入思考的牵引力；具有形成一个持续较长时间教学板块的支撑力；具有让师生共同参与、广泛交流的凝聚力；具有让学生安静下来思考问题、形成动静有致课堂教学氛围的调节力。

在课堂教学中，有一个简单但又往往让人忽略的问题：全班45个学生中，有多少能够围绕教师的问题设计进行深入思考？在学校一线的教学与研究中，无论执教者还是课堂观察者，关注更多的是课堂教学的流畅度、目标的达成度，乃至学生表面听、说、读、写的参与度。但学生的参与度，哪能仅仅是我们能看出来的听、说、读、写？我们更应该关注的，是学生思维的参与，这才是课堂效率的真实所在。在提倡深度学习的今天，如何设计优质问题关系到目标的制定与实施，关系到策略的选择与落实，关系到情境的创设与成效，关系到资源的拓展与利用，是课堂教学设计的原点，更是课堂高效实施的原点。

有一个有趣的小故事：有一次，陶行知先生去武汉大学演讲，带了一只公鸡。他抓了一把谷子撒在讲台上，把鸡的头按在谷子上让鸡吃，公鸡一粒都不肯吃。先生又把公鸡的嘴掰开，把谷子塞进鸡嘴里，公鸡挣扎着甩甩头，把已经塞进嘴里的谷子甩了出来。最后，先生把鸡放了，把谷子撒在地上，退开几步，公鸡这才慢慢开始啄食……讲完这个故事，陶行知先生说："教育，就如同公鸡啄食。"

我们的课堂教学也是如此，每一个优质问题的设计与实施，都是引导学生深度学习的"稻谷"。那么如何才能设计好每节课的优质问题呢？

首先，直面思维——我们最欠缺的一种备课习惯。我们常说一句话："语言是思维的物质外壳。"但在教学中，特别是小学语文课堂上，我们往往会把这句话抛之脑后。如在人教版二年级下册第27课《揠苗助长》的教学中，教师第一次执教时，将主问题设计为"禾苗为什么都枯死了，种田人是怎么说、怎么做的"。教师的意图很清楚：禾苗枯死是事情结果，出现这个结果的原因是什么呢？让学生找到种田人的说与做，即过程，进行思考、体会以及朗读感悟。但实际的教学效果并不好，有的学生"不用想"就找到了答案，因为问题很简单；有的学生也是"想都不想"，因为问题很枯燥，他不感兴趣。

在第二次教学中，教师把主问题设计为："禾苗都枯死了，这是种田人想要的结果吗？为什么？请你从书中找到根据说服我！"学生的思维一下子被打开了：

生1："他巴望自己的禾苗长得快些，天天到田边去看"，你看，一个"巴望"就表现了迫切的心情，还天天去看。所以他也不希望禾苗枯死。

生2："他在田边焦急地转来转去"，一个"焦急"体现了他的心情。

生3："他把禾苗一棵一棵往高里拔""弄得筋疲力尽"。"一棵一棵""筋疲力尽"都表现了他的辛苦，但他太傻了，方法不对！

……

比较两次问题的设计，显然第二次更有思维含量，更能激发学生思考与表达的兴趣，课堂教学效果鲜明，学生参与度、目标达成度高。

今天的课堂，更应面向学生的概括、总结、批判、反驳能力等。一个直面思维的优质问题，能够让学生融合听讲、阅读以及为了回忆所需的信息而进行思考，是一种更有经验、更具引导性和传递性的学习，是更积极的学习、更强调高级思维能力的学习。华东师范大学郅庭瑾教授在《教会学生思维》一书中说道："问题解决和创造性思维两者之间是互利的关系，任何一方都能够带来另一方的实现。"所以，提出有深度的、直面思维的优质问题，是引导学生进行深度学习的前提，是我们必须建立的一种思维习惯。

其次，善于追问——课堂教学最基础的一种实施策略。"善问者，如攻坚木，先其易者，后其节目。"《礼记·学记》中的这段话，表明在教学中"问"的方法是先易后难。而追问作为一种语文教学的方式，如果运用恰当，将会使课堂教学异彩纷呈、精彩无限。

什么是追问？顾名思义是追根究底地问，就是在学生基本回答教师提出的问题后，教师有针对性的"二度提问"，再次激活学生思维，促进他们深入探究，从而提高学生的学习能力。追问是在前次提问基础上的延伸和拓展，或深化、或纠偏，有利于学生的正确深入理解。例如上面的教学案例《揠苗助长》，在学生弄懂了种田人的所思所想后，决不能止步不前，需要进一步追问："既然禾苗枯死不是种田人想要的结果，那我们能从中收到什么启示？"一个追问，可以让学生的思维进入另一个境界，更能让教学得到育人层面的升华。

再如《祖父的园子》（人教版五年级下册）一文，可以设计三个层次的追问，引领学生透过语言文字，逐步体会背后的情感，并归纳出这类文体的阅读策略。

第一层次，走进祖父的内心。当学生从"祖父大笑起来，笑够了"这句中仅仅体会到祖父的慈爱时，追问："祖父啊祖父，你为什么要这样大笑呢？你辛辛苦苦耕种的谷穗，就这样被你的孙女儿割掉了，你难道一点儿也不生气吗？"这一问，让学生深入体会到祖孙之间特殊的亲密关系以及祖父那一颗孩子般的心。

第二层次，倾吐萧红的心声。学完课文后，再次追问："多年以后，萧红长大成人，她一生颠沛流离，四处漂泊。这时候，她想起自己的祖父，想起这个特殊的园子，写下这篇文章。此时，萧红心里最想跟祖父说些什么？"这一问，让学生去触摸萧红对童年的眷恋，对祖父的感激和怀念。

第三层次，体会形神的契合。在第二问的交流之后，继续追问："萧红这些想说的话，在文中并没有直接说出来，她把这些话藏在文中的哪些地方了？"这一问，引导学生深入文本，关注文中"字里行间，处处深情"，让学生从一个个细节、一处处景物、一句句描写中，发现其背后藏着对祖父深深的感谢和怀念。

教师在这样三个层次追问的基础上，最后归纳出阅读这一类抒情性散文的根本策略：要关注课文中每一个细节与每一处景物的描写，读懂其背后的情。

苏霍姆林斯基说："教育的技巧并不在于能预见到课程的所有细节，而在于根据当时的具体情况，巧妙地在学生不知不觉中做出相应的变动。"追问是一种课堂教学手段，能反映教师的教学策略和教学机制。对于一个成熟的语文教师而言，必须常常实施追问策略，不断完善追问艺术，从而促进学生语文学习能力的提高、思维的发展、思想的成熟，使课堂教学充满生机，妙趣无穷。

最后，回归本位——优质问题设计最重要的原则。教育最终是什么？著名教育家叶澜教授总结为"教天地人事，育生命自觉"。课堂教学说到底是人与人的交流、生命与生命的碰撞，所以课堂也必然是民主的课堂、思维的课堂、生动的课堂，不能是强制的课堂、呆板的课堂、流于形式与表面的课堂。站在这种认识与高度上设计问题，可以让我们更深地解读教材、理解学生、掌握方式方法，进而设计出更优质高效的主问题。

例如课文《触摸春天》（人教版四年级下册），说到底是作者目睹了一位盲童安静不经意间用手拢住了一只蝴蝶，进而触发了深深的感悟："谁都有生活的权利，谁都可以创造一个属于自己的缤纷世界。"在设计主问题时，如果我们老是抓住"神奇的灵性是什么""飞翔的概念是什么"等，就会走入理解的死胡同。我们如果将主问题具体化——"蝴蝶飞走了，盲童安静还在仰起头来'张望'，她能'望见'什么？那是一个怎样的世界"，由"张望"切入文本，把空洞的理解化为具体可抓、可比对的思维碰撞点，进而走进人物内心，就还原了语文本位。因为这是作者写作的本位，是读者理解的本位，自然也应当是学生学习的本位。

再如人教版四年级上册的《为中华之崛起而读书》一文，就以学生的需求切入优质问题设计。有的学生提出了"什么是租界地、周恩来为什么要跟着大伯生活"等问题，这些是"需要熟悉的知识"，只需阅读课外书便可解决。这些问题虽有利于促进学生的课外学习，但对课文内容的理解帮助不大，对发展高阶思维也没有多大价值。有的学生提出了"周恩来为什么要'闯入'租界地，还要'背着'大伯；为什么周恩来要打破砂锅问到底；为什么洋人轧死了中国人还得意扬扬"这类问题，这些属于"应该了解和掌握的主要内容"，对获取信息、理解内容、发展高阶思维有一些帮助。还有的学生提出"周恩来为什么从小就立志为中华之崛起而读书"，很显然，这个问题统领全篇，属于"持久的理解内容"，解决这一问题既能突破本文理解的难点，又能学习本文的写作方法，还有利于阅读方法的迁移运用，是最有思维深度的问题。

一个面向思维、回归生命本位的优质问题，是学生思考、表达的核心，是教师引领课堂走向深入的生命线，是教学设计与实施的原点。由此，才能发生我们期待的深度学习。

第二节　活动——思维的支架

建构主义学习理论认为，学习是在一定的情境即社会文化背景下，借助其他辅助手段（包括教师和学习伙伴以及其他学习工具），实现认知思维活动主动建构的过程。"情境""协作""会话""意义建构"是学习的四大要素。在学习过程中，学习者不是知识的被动接受者，而是认知的主体、学习的主动建构者。要想扭转学生被动接受的局面，教师真正要做的事，就是让学生成为学习的主人，而自己做一个引导者，引导学生全身心地去读书、去思考、去探究，再根据自己的学习能力、学习任务的要求，积极主动地调整自己的学习策略和努力程度，如此才能有效解决"我想学习、学习什么、怎样学习"的问题。

作为思维碰撞课堂"三大基石"（优质问题、主题活动、嵌入式评价）之一的主题活动，它追求"启智思辨"，应是教师依据学科思维特点，根据教学目标要求，把教材内容以及相关资源转化为供学生学习行动的，具有明确的目的性、可操作性、开放性和生成性的活动路线图。该路线图把教学内容蕴含于整体设计的活动之中，围绕主问题（优质问题）的解决关注学生在课堂上"做什么""谁来做""怎么做"，有计划、分步骤、阶梯式地设计活动。一般包含自主学习、合作交流、交互反馈、归纳提升、拓展迁移五个板块，内容层层递进，结构简洁明晰。

1. 自主学习

自主学习是指学生课前根据学习目标预习课文之后，在课堂上按照教师的引领，围绕主问题的解决进行的二次自主学习。如人教版五年级下册《桥》一文的活动设计：

问题：老支书是个怎样的人，作者是怎样来刻画这个人物形象的？

活动一：感知课文内容。

抓住故事的起因、经过、结果，概括课文的主要内容。

活动二：理解课文内容。

（1）自读课文。画出描写洪水的词语、句子，并通过抓住关键词语想象洪水的样子，概括洪水的特点。

（2）思考：描写洪水的句子能否去掉？这些句子有什么作用？

（3）画出描写老支书神态、语言、动作的词、句，思考老支书是个怎样的人。

该课例中"活动一"和"活动二"的内容，即是学生课堂自主学习板块的内容。学生根据教师设计的活动要求，再次深入阅读文本，结合预习所得，逐项解决问题。在这一过程中，学生自主实现与文本、作者、编者的对话，实现旧知与新知的碰撞，进而梳理、整合、提炼自己的认知，形成自己的见解，完成过程性思维成果的构建。

2. 合作交流

合作交流即小组学习，是指学生根据教师提供的学习支架（活动方案）自主学习之后，由组长组织，在组内进行学习成果汇报和问题解决的互助学习活动。下面仍以人教版六年级下册《桥》一文的活动设计为例：

活动三：组内交流。

（1）组长引导组员通过抓关键词语、句子，联系上下文，运用对比分析（处境、想法）、联系生活、想象情境等方式谈感受，阐述读书心得。

（2）组员相互补充、质疑、论辩、评价。

（3）提出自己不理解的问题，组内研讨解决。

（4）组长主持，围绕主问题的解答，梳理组内的观点，确立中心发言人。

案例中，教师给出明确的合作流程图，由组长主持，在组内先按号逐一汇报。其他组员倾听、补充，对照自己的认知查缺补漏。对于在自主学习中遇到的自己不能解决的问题，组员之间展开互助，这就实现了组员间的思维碰撞、智慧共享。组内解决不了的问题，可以请教师参与讨论，也可以留待全班交流时提出来。

3. 交互反馈

交互反馈是思维碰撞课堂主题活动的核心板块。学生进行充分的自主学习和合作交流，组内形成一致的见解之后，由小组代表在全班进行交流。根据教学内容的特点，交流的方式可以是板演讲解，也可以是观点阐述，还可以是问题求助，其他小组成员认真倾听、对照反省、提出质疑、拓展补充。教师要适时引导，在交流碰撞中把学生的思维引向深入，最大限度地让学生产出精彩的思维成果。

如人教版四年级上册《搭石》一文中有这样一段话，描写了年轻人背着老人过搭石的场景："假如遇上老人来走搭石，年轻人总要伏下身子背老人过去，人们把这看成理所当然的事。"在交流的时候，一个小组的学生认为，"伏"这个字传神地写出了青年对老人的尊敬和照顾，也能看出青年都是心甘情愿地背老人过搭石，"总要"说明了每一个青年都不例外，而且是"理所当然"，大家都认为这是应该做的。这时，另一个组的同学提出了质疑："老人背起来那么沉，搭石又不像修建好的桥那样安全，再背着老人走，那多危险，怎么可能每个人都心甘情愿呢？"

这个问题一提出来，课堂上炸了锅，学生们议论纷纷："这位同学说的不无道理，这些青年为什么心甘情愿这么做呢？"教师及时抓住课堂上生成的思维碰撞点，引导学生：联系上下文，想象当时的场景，静心思考一下，在组内交流后再作答。经过组内合作之后，出现了如下的对话。

甲组代表：遇到老人的时候，大家都背着老人过搭石，我不背不好意思啊。也就是说，这是一种规则吧。

乙组代表：那是因为大家都很善良，说明这个村子的人都很淳朴。

丙组代表：课文里不是写了吗？乡亲们摆搭石都是自觉的，他们一定是觉得这是自己的家，我们对待乡亲们都得像对待自己的亲人那样好才行。

甲组代表：要是我老了，就背不动了。

丁组代表：那就会有人背你了！

这时大家茅塞顿开：原来这就是美德的传承！看，课堂上迎来了又一个意外之喜。显然，学生这时的理解是深入到文本中、镌刻在心灵上的。

像这样在小组观点阐述中的碰撞，实现了思维的互动、智慧的共生，推动了学生思维成果的产出。对于组间的问题求助，教师不要急于抛出答案，而是要在学生交互反馈时适时加以引导、激励，提供学习支架，让学生通过动手、动脑、互助，进行深层次的思维活动后求得答案。

再如《搭石》一文中有这样一段话，描写了人们走搭石的场景："每当上工、下工，一行人走搭石的时候，动作是那么协调有序！前面的抬起脚来，后面的紧跟上去。嗒嗒的声音，像轻快的音乐；清波漾漾，人影绰绰，给人画一般的美感。"这段话中有一个多音字"行"，在这里是应该读作"háng"还是"xíng"呢？

在交互反馈当中，有的小组就提出了这个问题。有的小组认为，应当读"háng"，它体现了搭石仅容一人通过的特点，更突显了人们走搭石时的协调有序。有的小组反驳："应当读'xíng'，因为读'háng'虽然说人们走得很整齐，但是却显得人们走得特别死板，与课文主题不符。"此时，教师提议："可不可以查一查字义，组内再议一下？"学生由动口转向了动手、动脑。经过一番查证辨析，最终得出了结论："一行人"指的是一块儿走的人，读"xíng"。"一行（háng）"是一个数量概念，特指有一定数量的一行或一列人。这里"一行人"是泛指一起走路的人群，没有限定哪一个行列的人，是一个名词概念，所以在课文中应该读作"一行（xíng）人"。

由此可见，交互反馈的秘诀，就是让学生最大程度地暴露自己的"思维"。只有最大程度地暴露自己的"思维"，才有利于教师实施高质量的针对性教学，让更多的学生得到学习支持。正如朱慕菊老师所说："如果没有多样化的思维过程和认知方式，没有多种观点的碰撞、争论和比较，结论就难以获得，也难以真正理解和巩固。"

4. 归纳提升

思维碰撞课堂，提倡用好课堂最后五分钟。归纳，就是按照教师设计的主题活动，经历整个的学习过程之后，引导学生根据所知，用思维导图的形式把文本知识梳理出来。这是一个思维再提高、认识再加深的过程，是学生思维轨迹外化的过程，教师要为学生提供帮助和支持。

5. 拓展迁移

教学讲求的是课内习方法、课外求发展。新课标也要求教学应实现由"教教材"到"用教材教"的转变。这就要求教师在抓好课堂知识学习的同时，应关注教材知识之间的联系、课内外知识之间的联系，找准知识间的契合点，运用课堂上掌握的方法，延伸与学习相关或者相近的内容。当然，教材内容规定着课堂拓展的目标、重难点、时间与方式方法，所以拓展的前提是引领学生走进文本、吃透文本，发挥文本的真正意义，在此基础上再走出文本、开发资源。

总之，思维碰撞课堂的主题活动不同于传统课堂的教学流程。它立足于学生批判性思维的培养，注重学习支架的搭建。每一步活动中，教师在引领学生解决主问题的同时，敏锐地抓住思维碰撞点，着力启智思辨，把学生的思维引向深入。大量研究认为，聚合思维型学生的智商较高，而发散思维型学生的创造性思维能力较强。其特点表现为：

流畅性。流畅性就是观念的自由发挥。指在尽可能短的时间内生成并表达出尽可能多的思维观念以及较快适应、消化新的思想观念。机智与流畅性密切相关，流畅性反映的是发散思维的速度和数量特征。

变通性。变通性就是克服人们头脑中某种自己设置的僵化的思维框架，按照某一新的方向来思索问题的过程。变通性需要借助横向类比、跨域转化、触类旁通，使发散思维沿着不同的方面和方向扩散，表现出极其丰富的多样性和多面性。

独特性。独特性指人们在发散思维中做出不同寻常的、异于他人的新奇反应的能力。独特性是发散思维的最高目标。

多感官性。发散性思维不仅运用视觉思维和听觉思维，而且充分利用其他感官接收信息并进行加工。发散思维还与情感有着密切关系。如果思维者能够想办法激发兴趣、产生激情，把信息感性化，赋予信息以感情色彩，会提高发散思维的速度与效果。

实际教学中需要注意聚合思维与发散思维的协调发展，现行教材逻辑性、科学性较强，实践性、发散性较差，发散思维是目前教学中被忽视之处和薄弱环节，因而需要加大发散思维的培养力度。

1. 要把握发散思维的特点，并以此为切入点

关于发散思维的特点，目前为人们普遍接受的是美国著名心理学家吉尔福特的观点。吉尔福特认为，发散思维有三个特征：一是流畅性，指对事物反应迅速，在短时间内可以想出种种不同的念头，即学生在单位时间内发出的信息量；二是变通性，指对事物能够随机应变、触类旁通，不受各种心理定式的影响，即学生发散出的信息量的变化程度；三是独特性，指对事物能够有不同寻常的见解，即学生在信息发散过程中为人所意想不到的新奇性。这三个特点不仅可作为测定发散思维水平高低的指标，也可作为我们培养学生发散思维的着力点，很有推广价值。

2. 要培养学生的批判思维能力

批判思维指个人对某一事物和现象利弊的评判，要求人们对周围的人和事物不断形成独立的见解。学生在课堂上的发问、质疑，都属于批判性思维。就创造思维而言，批判思维是破除人们思想认识中功能固着和思维惯性、走向创新的关键。从模仿走向创新，其桥梁就是批判，即对原有认知方式的否定。学生的思维正是在不断质疑中发展，在不断否定中升华的。舍弃了质疑、否定与批判，学生的认知水平就只能停留在原有基础上。因此，培养批判思维对于开发个人发散思维能力具有重要的推动作用。

3. 要实行教学民主，营造适宜学生创造力发展的教学氛围和精神环境

教学氛围和精神环境是思维的外部环境，属于优化学生创造思维发展的非智力因素。在这种民主的教学氛围下，学生就好比有了"心理安全"和"心理自由"，就会打开智慧的闸门，激发出创造思维和想象。

4. 开发有利于发散思维训练的教材

传统教材过分注重知识和技法的传授，要求模仿的东西较多，不注重对学生思维的训练，内容陈旧，尤其忽视了特殊儿童的差异性。开发一些趣味性、情感性强，同时具有社会实用价值的教材，有利于克服学生思维刻板与僵化、解题思路狭窄、方法单一的缺陷和题目稍有变化就不知所措的现象，可以收到更好的教学效果。

5. 设计有利于激发思维积极性的反馈评价

及时评价，及时反馈矫正，是对学生尝试结果的判定，是激发和调动学生创新能力的重要一环。评价就是一根指挥棒，评价结构应该向培养学生创新能力方面倾斜，对学生学习的新方法、新见解、新思路要加以鼓励，对学生的标新立异、异想天开更要加以保护，对学生点点滴滴的创新都要给予重视。

第三节　整合——思维的升华

思维碰撞课程注重课程的整合。课程整合是针对教育领域中各学科课程存在的割裂和对立问题，通过多种学科的知识互动、综合能力培养，促进师生合作，实现以人为本的新型课程。在课程整合学习中，传统"教"与"学"的教学方式被改变，师生从学科思维走向综合思维，走向深度学习，学生辩证思维、分析解决问题的能力得到提升，学科学习通融生活，学生在深度体验中增强主人翁意识与社会责任感，在统整理念的引领下发展了学生的核心素养。

国内外有关课程整合的理念与论著层出不穷，各中小学教学也关注课程的整体育人理念，探索课程整合的途径，如清华附小的"1+X"课程、浙江省教研室所倡导的"1+1"课程等都是在国家课程的基础上，根据具体学情进行的校本化实践。从具体操作上来看，一是教师可以根据需要对教科书进行取舍，可以更为科学合理地规划教材学习的顺序，使教材的使用有更加鲜明的层次性和实用性；二是教师可以以教材为跳板，根据本校学生的需要和现实学习的不同需求，把教科书以外的材料引入教学中。

一、学科内整合

根据教材主题单元的编排特点，整组推进式教学是常用的整合方法。同单元教材的整合是以单元为整体进行教学设计，整合单元内部的各个散点，形成块状结构，为本单元的具体教学目标服务。依托学业纸，课堂上小组内在小组长的带领下，检查整个单元生字和课文的认读情况，做到读准生字、读熟课文。教师通过单元导读课明确单元主题，扫清字、词、句障碍，一线串珠理清本单元课文的脉络结构，对于学生能够自主掌握的问题不讲，借助学生问题单突破重难点，以此达到事半功倍的效果。对于精读课，感染几代人的名家名篇，如老舍先生的《鸟的天堂》，还是需要教师精讲的，可以通过"1+X"以思维迁移的方式进行教学。对于精读课文和略读课文之间的关系，叶圣陶先生做了精辟的阐述："就教学而言，精读是主体，略读则是补充；就效果而言，精读是准备，略读才是应用。"精读课文担任着授之以"法"的角色，而略读课文则为用"法"服务。教师要善于寻找精读课文和略读课文之间的契合点，在教学中"扶""放"结合，让学生把在精读课文中习得的方法运用于略读课文的学习中，以提高学生的阅读水平和能力，在对比中理清情感表达、写作方法的异同。

《永生的眼睛》与《花的勇气》是人教版四年级下册第五单元的两篇略读课文，本单元的核心目标是"体会含意深刻的句子"，把这两篇课文组合在一个课时学习有利于这一阅读方法的落实。教师引导学生从本单元《生命生命》和《触摸春天》两篇精读课文出发，通过抓关键词、联系上下文、联系写作背景、查阅相关资料、联系生活的阅读方法默读《永生的眼睛》与《花的勇气》，画出含意深刻的句子，质疑辩论，反复巩固。这样，一单元的课文用5~7课时即可完成，剩下的时间用于阅读。同单元教材整合在道德与法治学科教学中也是一种常用的教学方法。如泰山版五年级上册《品德与社会》讲授《笑对成长中的烦恼》这一课时，教师以"说说我的烦恼"为话题。有学生说道："同桌在美术课上不小心弄坏了妈妈给我买的新彩笔，虽然事后向我道歉了，但是我非常伤心，我们之间的关系也不如从前了，这件事让我非常苦恼。"这时候，教师相机整合同一单元《学会宽容》中的部分内容，引导学生树立积极向上的态度，懂得站在别人的角度看问题，乐于接受别人的道歉，宽厚待人，乐观对己。在讲授《我国的人口与资源》一课时，通过分享课前搜集的资料印证我国拥有的自然资源丰富，学生结合泰山上的珍稀树木、大兴安岭的资源、大江大河的水资源及渔业资源加以讨论，教师可与下一课《壮丽多姿的山河》相机整合，出示泰山、黄山、大兴安岭、长江等图片资源，让学生了解我国自然资源的多样性。

同一册不同单元教材的整合也是我们在教学过程中重要的教学手段。要想做好对教材各个板块的融合，必须对全册教材有一个系统的梳理，对学生在本学段学习该内容的能力做到心中有数。如人教版四年级上册语文教学中《爬山虎的脚》与《那片绿绿的爬山虎》两课虽然不在一个单元，但都是围绕爬山虎而写，而且写的是同一处爬山虎。教学时，我们遵照学生的阅读思维点一起来学习。《桥》这篇课文是人教版五年级下册第四单元的一篇精读课文，课文以感悟临危不惧、一心为民的老支书形象为重点，课上教师引导学生通过品味人物语言来体会人物心理，进而感受人物形象，学生同时关注标点符号以及语言长短与人物形象的关联。为了进一步体会语言对于塑造人物形象的作用，教师出示本册第七单元的《"凤辣子"初见林黛玉》《金钱的魔力》片段，让学生通过人物语言感受不同的人物形象，并体会小说描写人物语言时不同的表达形式。

纵观小学整个年级段的部编版教材不难发现，一个螺旋上升的体系呈现其中。基于此，在语文学科教材整合中，我们依托课内文章，有意识、有目的地寻找相关跨年级阅读资源。如二年级下册学到《晓出净慈寺送林子方》这首诗时，教师引领学生拓展阅读了三年级下册的《荷花》片段，感受西湖六月"风光不与四时同"的景象，同时通过对比体会古诗与散文语言的不同。三年级下册《陶罐和铁罐》的故事告诉人们：人都有长处和短处，要看到别人的长处，正视自己的短处，相互尊重各自的特长，和睦共处。这一课可以拓展阅读四年级上册《尺有所短，寸有所长》等文章，更好地理解要正确看待自己和他人，学会取长补短才能不断进步的道理。三年级上册学到《父亲、树林和鸟》，理解"黎明时，所有的鸟抖动着浑身的羽翎，要抖净露水和湿气""这是树林和鸟最快活的时刻"等句子时，拓展阅读五年级上册《鸟的天堂》的有关片段，"到处都是鸟声，到处都是鸟影。大的，小的，花的，黑的，有的站在树枝上叫，有的飞起来，有的在扑翅膀"，进一步体会鸟类早晨欢快、热闹的场景。

学校围绕"学科思维特征"这个基点，在全面构建语文思维碰撞课堂和不断完善单元导读课、精读课、略读课、读写结合课、单元整理提升课等基本课型建设的基础上，全面整合各学科相关资源，探索实施语文群文阅读课、绘本阅读课等课型。

以语文群文阅读为例，群文阅读即围绕着一个或多个议题，就选文内容展开集体建构，最终对选文理解达成共识的过程，是在小学语文阅读教学中以阅读多篇相关文章为主要形式的阅读方式。群文阅读最显著的特点是以多篇文章为阅读内容，阅读资源更加丰富，阅读思维会更加活跃。"它不是只把文章按人文内涵组合在一起，而是更深入文本内部，关注文章的表达形式、内部结构、核心观点、承载信息。"群文阅读不是几篇文章的简单组合，教师要精心设计群文阅读，才能使群文阅读更好地促进学生阅读能力的发展。具体来说，群文阅读要具有创新意识，使学生在群文阅读过程中发展语文思维；群文阅读要具有强烈的目标意识，紧紧围绕发展学生语文阅读能力的目标；群文阅读还要具有发展性思维，做到以点带面，突破单篇静态阅读现状，凸显群文阅读优势。

群文阅读教学的主要组织形式有课内一篇带课外多篇、课内一篇精读与多篇略读整合、课外多篇等。

课内一篇带课外多篇。传统的语文课堂教学中精读课文一般需要两个课时完成，而采用"一篇带多篇"的群文阅读方式同样需要两课时，但是一课时用来精读教材的一篇课文，另一课时用来做群文阅读，读的是由这篇文章牵引出来的一组文章，即现在很流行的"1+X"模式，这个"1"可以指课内的一篇课文，也可以指围绕这篇课文确定的一个议题，"X"是指符合这个议题的其他文章。如人教版三年级下册的精读课文《惊弓之鸟》，按常规教学应是两个课时完成，但是在这种"1+X"的教学模式下，将原本的两课时压缩成一个课时，利用剩余一课时带领学生进行成语故事的群文阅读，课堂当中就阅读了《盲人摸象》《画蛇添足》《风声鹤唳》等成语故事，也对教材其他部分，比如两个园地中的成语故事《买椟还珠》和《画龙点睛》进行了整合，让学生对成语故事有了浓厚的兴趣，同时积累了很多成语。如此一来，以一篇课文为基点，发散到整个面，学生积累的就不仅是一个故事，而是一系列故事。一个学期下来，学生的阅读量达到三到四本书不成问题，这样的阅读教学在无形之中扩大了学生视野的广度。

一篇精读带多篇略读。例如在四年级上册第三单元教学中，即精读《巨人的花园》，略读剩余两篇课文，将剩余两篇课文进行有效整合，用两个课时完成教学。在讲授《巨人的花园》之前，插入童话的前导课，梳理童话的特点，然后顺势进入课文的学习，用这样的方式挤出了两节课的时间。正如叶圣陶先生所提出的，在课堂里教语文，最终目的是达到"不需要教"，使学生养成这样一种能力——不待老师教，自己能阅读。

课外多篇的阅读。这是对群文阅读教学的补充，根据学生的年龄特点，教师通常选择生活中实用的、有趣的、有创意的议题，选取教材中没有入选的、但与实际生活联系紧密的文章，这样的阅读在每周一次的阅读课中进行，教师可采用阅读汇报课、自由阅读课等形式。如选取"家国之思"主题，通过《示儿》《己亥杂诗》《泊秦淮》《春望》一组古诗词培养学生的民族责任心和自豪感。课外的群文阅读可以自己选文章，这给了教师极大的选择空间，但也意味着教师的阅读面要更广泛。

那么，如何实施群文阅读呢？

一是求同存异，发展思维。小学生正处于语文思维发展的关键期，群文阅读要着眼于小学生的语文思维发展，不仅要进行同文阅读，发展学生的求同思维，还要善于引导学生求异，提升其对文章阅读的感悟能力。群文阅读中，求同存异有助于发展学生语文阅读思维，提升学生阅读能力。传统阅读视域下，阅读形式单一，学生不能举一反三，语文阅读思维不灵活。求同思维是基于多篇阅读文章的相同点，进行巧妙的拓展阅读，实现从单篇到多篇的拓展、从课内到课外的延伸、从单篇到单元的比较等。求同拓展不仅有助于拓宽学生的阅读视野，也有助于学生强化相同文章阅读思维的发展，更加全面深刻地把握同一类型文章阅读的方法，发展学生的阅读思维。文章阅读要深入，不仅要寻求文章之间的相同点，更要善于寻求多篇文章之间的不同点。求异是对求同的深入，有助于学生进一步品味文章，做到点面俱到。教师在引导学生求异的过程中，不仅要善于从面上求异，探求多篇文章在整体上的不同之处，更要善于引导学生从点上求异，通过点上求异，分析文章局部的不同，发展学生求异的阅读思维。

二是读写结合，互为促进。语文教学要发展学生读、写、听、说等综合能力，就需要教师引导学生将这几者有机融合起来。在群文阅读教学中，教师要引导学生将读与写结合起来，做到读写相长、互相促进。学生通过群文阅读，会对文章的主题、写作方法、文体等形成鲜明的认识，但如何将阅读感受与体会及时转化为实际能力，"写"是一种有效的手段。教师可以引导学生在群文阅读的过程中养成写读书笔记、读书心得等习惯，将阅读感受与收获及时记录下来，强化阅读成果。

三是丰富载体，激发兴趣，开展阅读实践活动。教师要充分发挥传统语文阅读实践活动的载体作用，积极开展阅读比赛，激发学生的竞读意识；设置读书角，通过外在环境潜移默化地感染学生；借助读书节活动，营造良好的读书氛围等。群文阅读实践活动极大地丰富了学生的阅读，打破了传统阅读时间与空间的局限性，帮助学生养成良好的阅读习惯。目前，不少小学生都拥有手机、iPad等，教师可以引导学生进行微阅读，打破静态纸质阅读模式，使学生通过微阅读，将群文阅读过程中获得的感受进行有效互动，促进学生阅读素养的提升。总之，群文阅读作为一种新型阅读方式，具有自身的独特优势，教师要精心指导群文阅读，使之成为课堂阅读教学的有益补充与延伸，为学生的语文学习奠定基础。

当然，群文阅读教学能否有效开展，很大程度上取决于教师能否根据适合的议题选取相关的文章放在一起。怎样选取文本、多个文本怎样组合在一起？首先要遵循语文教学生活化的原则，要求教师千方百计地寻找课堂语文教学与社会生活的联结点，有效搭建学生生活与文本沟通的平台，把群文阅读教学与学校生活、家庭生活、社会生活结合起来。其次，选取的群文要有线索及议题，就像珍珠项链的那根细绳，可以各式各样。基于教材的单元整组、综合性学习等群文阅读教学，教材本身就有议题。而基于自我建构的群文阅读教学，则需要教师多角度确定议题，从而围绕议题精选文章。

其一，以体裁为议题。即教学目标和内容的确定由群文的不同体裁来决定，体裁不同，其教学的重点也不同。例如，小说、诗歌、散文、说明文类的群文教学内容不尽相同。小说通过对比小说的角色、线索、高潮，感受作者在塑造角色特点、抒发感情时的不同方法；诗歌通过朗读诗歌、把握韵律、分析意象，比较诗歌的不同表达效果；散文让学生关注背景的渲染、语言的优美、思想的升华；说明文在比较中感受不同，体会不同说理方法的表达效果。

其二，从人文内涵角度定议题。例如以成长教育为议题，如"名人成长小故事""难忘的童年生活"群文阅读；以爱的教育为议题，如"人与动物""师生之情"群文阅读等。

其三，从表达方式角度定议题。如将《落花生》一课学完后，以"借物喻人"这种表达方式为主要议题。但在议题的确定上，应尽可能开放，涉及的面广一些、大一些，并且议题最好不出现倾向性的观点指向，这样可以让学生从不同角度都有话可说，给学生以最大的发挥空间。

比如在执教"文章中的借物喻人"群文阅读课时，教学活动按"借用旧知，导入议题；重点阅读，感悟读法；自主阅读，运用读法；比较异同，感悟写法；尝试运用，激发兴趣"五环节进行。

第一，从引导学生回忆课文《落花生》的表达方式入手，尊重学生的学习起点和知识储备，从关注语言形式方面提出本次群文阅读的议题。

第二，遵循阅读教学从整体入手的原则，以《烂漫的点地梅》一文为例，让学生全面学习、全面思考，借助表格辅助学生阅读，引导学生聚焦"借物喻人"这类文章最值得探究且必须探究的问题——物与人的共通点，以把握文章主要内容。教师退位让贤，使课堂真正成为学生潜心阅读、分享阅读的场所，让他们在自读中发现，在讨论中碰撞，在交流中提升，这样小组讨论学习才能开展得扎实有效。

第三，让学生总结《烂漫的点地梅》的学习方法，并将其运用到其他文本的阅读中去。群文阅读要能链接课内阅读与课外阅读。课堂上，教师不仅要鼓励学生运用日常语文课中学到的方法来阅读重点篇目，同时要在学生阅读实践的基础上引导学生自主总结阅读方法，适当教授阅读该类文体、文本的方法，渗透阅读策略，教给学生真正有效、终身有用的阅读知识，使其形成阅读能力，为一篇带多篇的阅读打下基础，为阅读从课内到课外架起桥梁。自主阅读后，给予学生充分的时间讨论交流、碰撞思维。单纯的灌输和说教只会让学生反感，只有经历了参与、讨论、发现的过程，学生的印象才会更深刻。教师提出有价值的问题，学生在充分讨论的过程中解决问题、内化认识，初步掌握借物喻人的文章应具备的特点，既是对本课阅读的适时总结，又为今后的阅读与习作做好了铺垫。

第四，以阅读策略为议题。例如，我们把《竹枝词》《三衢道中》《登岳阳楼记》等诗歌放在一起。初看，这些诗歌时代不同、作者不同，没有什么共同之处。但阅读时，我们都可以用到"抓住诗歌的矛盾读懂诗歌"这一阅读策略。例如在《竹枝词》里，为什么会出现"东边日出西边雨"呢？例如在《三衢道中》里，为什么"梅子时节日日晴"呢？例如在《登岳阳楼记》里，如何理解壮景与哀情的矛盾呢？……通过对这些矛盾的反问、追思，或许会产生"为有源头活水来"的豁然开朗之感。

新型课堂为培养学生学会求知、学会做事、学会共处、学会做人搭建了平台，立足于探索新课型、寻找好学法，将学科教学元素进行有机整合，能够让课堂更加有效、高效、实效，充分彰显核心素养教学的理念和魅力。

二、跨学科整合

顾明远教授认为，未来教育的变化之一是"课程内容要变化"。课程不仅要增加新的知识内容，而且要把内容加以整合。跨学科整合需要各学科教师一起研读教材，找到其中的交叉点和重复的内容，尝试做一个全课程项目。主要有以下几种方式：

（一）主题式整合

课标在第二学段的阅读评价建议中提出，要重视学生课外阅读的评价，了解学生的阅读量和阅读面。统编教材尤为关注学生的阅读，为大力推进阅读，一年级教材里有"和大人一起读"，二年级教材里有"我爱阅读"，三年级教材里有"快乐读书吧"等内容。基于课标及教材要求，在命题中还会引入有关课外整本书阅读的内容，对学生的阅读量、阅读面进行考查。

例如，三年级上册的"快乐读书吧"向学生重点推荐了《安徒生童话》《稻草人》《格林童话》这三本中外童话书。针对这一内容，可以编写如下题目：

同学们，本学期我们读了很多童话。在童话世界里存在着一些神奇的宝物，它们看似不起眼，却拥有非凡的技能。合上《格林童话》，闭上眼睛，你的脑海里浮现出了哪些神奇的宝物呢？请你想一想，选择最感兴趣的一个宝物填一填、写一写。

宝物名称：＿＿＿＿＿＿　宝物主人：＿＿＿＿＿＿

宝物技能：＿＿＿＿＿＿

宝物出自的童话题目：＿＿＿＿＿＿

宝物神奇指数：△△△△△

你想拥有这个宝物吗？理由是：＿＿＿＿＿＿

（二）以传承经典传统文化活动的形式整合

校园文化活动的形式是多种多样的，也是跨学科整合的重要表现形式，活动融文学、美术、音乐、舞蹈、武术、戏曲等多种艺术形式为一体，是学科文化的集大成者，充分展示了学科整合的魅力。

"诵读经典，润泽童年"是学校一年一度全员参与的传统活动，通过师生同台、家校同台的方式诵经典、唱经典、演经典，以陶冶学生情操、涵养学生气质，进一步弘扬中华传统文化，引导广大学生在诵读经典中锻造人格、塑造品格，以及提高人文素养、审美情趣及语言文字的应用能力。

讲故事、演故事是以校园剧的形式融故事性、艺术性、舞台效果为一体，通过角色扮演呈现整体效果，充分体现了学科间的碰撞与融合。五岳之首的泰山，风景秀丽神奇，孕育着丰富的历史文化。泰山传说从远古走来，传颂着善良、真诚、团结、英勇，浸润着华夏儿女的灵魂，影响着一代又一代人。学校借助校本读物《泰山》，将泰山诗文与传说作为选修知识进行拓展，并以舞台剧的形式演绎出来。如故事《泰山灵芝娃》即根据泰山传说改编而成。故事讲述了为了不让受伤的千年灵芝落到妖怪手里，以主人公小宝为首的小伙伴们为集齐五色神石不畏艰难，同恶势力顽强斗争的故事。学生自编、自导、自演，将故事以剧本的形式呈现出来，利用课余时间背诵台词、切磋演技，完成表演。剧情的设计需要舞蹈、武术等特长支持，学生根据自身所学更好地选择和演绎角色，妖王的傲慢霸道、爷爷和奶奶的淳朴善良、小宝和弟弟的天真、灵芝娃娃的聪慧、小伙伴们的团结与勇敢都通过揣摩人物心理和具体的语言、动作表现出来，道具、音乐与人物的融合亲切自然，突出舞台剧的再现性、灵活性和创造性。通过讲故事、演故事，学生真切地感受到中华文化的魅力，体会到自强不息、奋发向上的民族精神。学生在编排、演绎、艺术效果展现中充分整合各种资源，促进其综合素养的全面提升。

（三）在综合实践活动中整合

在综合实践活动中整合各科资源，即围绕一个主题展开探究，充分利用社区资源，以小组为单位制订计划、实施计划、成果展示、活动反思。

如"我是绿色小天使"综合实践活动涉及语文、道德与法治、科学等学科内容，教师布置课前任务，分小组制订、实施计划，调查社区中有哪些环境污染的现象，分析污染原因及治理途径，确定活动时间、活动地点、活动方式，发出倡议，以"垃圾捡拾""标语张贴"等独特方式为环保做贡献。实践体验过后，制作思维导图，写作文分享活动成果，通过活动汇报课进行反思，从知识的习得、方法的掌握到情感的提升各方面提升学生的能力。

"勇做'新时代泰山挑山工'——走进茶园"主题实践活动，是充分利用社区资源进行的综合性实践活动。学生们走出教室，走进大自然，来到果树研究所——万吉山茶园基地。走近劳动者，了解茶文化，体味优美的田园诗情。走进研究基地，一幅清丽秀美的田园美景映入眼帘，到处弥漫着淡淡的茶香。"香茗得来皆辛苦，最要感谢采茶人。"学生在采茶中不仅了解了茶叶种植采摘的相关知识，更是切实感受到了茶农劳作的辛苦。采摘结束后，茶博士介绍了茶叶种类、冲泡方法及品茶的方式，学生跟随茶博士来到神秘的加工车间，参观了解泰山茶的制作流程。

寓教于乐的实践活动不仅让学生了解了中国传统的茶文化，也让他们在乐趣中体会到了劳动的艰辛，领悟到"粒粒皆辛苦"的内涵。将课堂与实践相结合，培养了学生的综合实践能力。

（四）学科活动是课程整合的重要方式

在学科活动中，从主题的确立到成果的呈现都是学生自我策划、探究、反思的过程。教师在教材的基础上进行开发，走进生活、社区，合作探究，获得收获，并且通过思维导图或画报的形式呈现出来，思维变得可测量，学生的创新能力得到提高，在潜移默化中培养了学生的核心素养。

每学期，各学科都融通生活组织学科活动。语文学科共有15种类别，30余个主题。如"趣味诗配画"是低年级语文教材与文外资源、美术学科整合的主要方式，学生以教材或课外积累的古诗词为素材，在积累背诵的基础上进行创意摘抄，理解诗词意境，将心里的画面见诸笔端，以诗文配画的形式展现出来，从诗文选择、版型设计、画面呈现到创意讲解，学生自主操作，既有对其诗文领悟力的考察，也有对其画面呈现力、书写功夫及表达能力的培养，在整合中潜移默化地培养了学生的综合能力；"有故事的汉字"整合文外资源，从字源的角度帮助低年级学生识字、写字，学生习得相关知识，通过画报或思维导图的形式表现出来，在识字分享会上讲解共享；"青山绿水我的家"是结合语文教学"爱护周围环境"专题开展的学科活动,教师带领学生走进大自然,通过捡拾垃圾、绿化环境等活动让学生争做"环保小卫士",并把自己的活动经历和亲身感受通过日记或图文并茂的手抄报形式记录下来,学生在活动中走近社区,了解家乡环境,在亲身经历中提高了社会责任意识,提高了核心素养。

每学期,数学学科活动有10余种类别,20余个主题。如"奇妙的图形密铺""生活中的线和角""身边的小尺子"等主题,引导学生在生活中学习数学,与美术、语文学科进行有效整合。学生观察身边物体各种各样的图形,并用艺术手法将其画出来,配文解说,寻找身边的数学元素,感受图形的魅力。英语学科借助万圣节的契机,与音乐、美术学科整合进行了学科活动"Halloween"。科学学科从实践出发,如"说说养蚕那些事""研究土壤""搭支架"等,通过科学日记、学生讲坛的形式将各学科知识进行融合。

我们认为,知识能力不是点状的,而是结构化的,从单一思维向系统思维转变,是教学的本质。课程内容的整合让教师发现了课与课之间的联系,改变了教师的思维方式,更新了教师的教学行为。

三、以校为本的课程群实施

当前,学校课程建设校本化、师本化、生本化已经成为共识,学校经过多年的实践探索,已经构建起富有特色的课程体系,那就是以校为本、三级互补、丰富多彩、开放融合的"1358"幸福课程体系。"1"指我校阳光、健康、幸福的育人目标;"3"指多元、开放、融合的课程特色;"5"指教师、学生、家长、专家和社区机构五大课程开发主体;"8"指传统文化、学科拓展、益智生长、运动健康、实践体验、艺术审美、科学探究、语言思维八大课程群,共同构建起我校的幸福课程体系。

在课程体系中,我校课程建设的总目标是:"以生活为基础,以课堂为载体,以课程内容和形式的双重开放与国家、学校、社会的三位一体,构建完整的幸福课程体系,并最终促进学生阳光、健康、幸福地成长。"为此,我们以学生核心素养培养为核心,以"快乐走班、自主选修"课程、学生讲坛课程、家长义教课程、社会名家进校园课程等多种途径,将教师、家长、学生作为三种开发主体，从学科知识、学科素养到基于学科的拓展提升，从基本的学习能力到走入社会所需的交往能力，从自我保护到宇宙研究……上至天文，下至地理，一门门不同的课程犹如一桌桌丰盛的精神大餐，为学生的个性化成长提供多元化营养。这些丰富的课程再以语文、数学、节日等不同的主题统整为一个个课程群，以大学科观念统整合重构课程，关注学科知识的结构化，凸显学科活动的情境化，注重学科思维方式和探究模式的渗透与融通，从而实现课程育人的目的。

建设学科课程群采用的是"基础+延展"的方式，这种组织方式遵循的基本思路是先明晰各学科的学科素养，然后以此为出发点，确定核心课程的功能，并在此基础上向外延展，超越学科边界，引入丰富的课程资源，使学科课程和学科延展课程成为一个统一的整体，共同指向学生素养的培养，指向学生的完整发展。如传统文化课程群，以不同学段学生的人文素养为要主要培养目标，开设了"国学小故事""趣味成语""二十四节气""硬笔书法""软笔入门"等课程。艺术课程群和运动课程群首先要教授国家课程美术、音乐要求的基本知识和基本技能，然后在此基础上充分满足学生个性特长和兴趣发展的需要，如开设线描画、合唱指挥、音乐素养、视唱练耳等课程。以音乐、美术这些国家课程为基础，基于学情分析和对学科素养的把握，进行课程内容的整合、勾连和拓展，旨在丰富学生的认知结构，发展学生的艺体素养，在浸润、融合、发现、创造的过程中，培育学生的品格和学力。益智课程群，包括跳棋、象棋、数独、魔方等课程。运动课程群，包括踢毽子、趣味篮球、抖空竹、飞盘、啦啦操、花样跳大绳等课程。

传统文化课程群以不同阶段学生传统文化素养的培养为主要任务，按照文字、文学、文化的序列开展学科延展课程，包括"汉字故事课程""经典诵读课程""名家进校园课程""传统文化课程之节日""传统文化之建筑"等。像"我们的春节"主题整合课程，即以春节为契机，整合国学课、四年级"春节风俗谈"、五年级"民风民俗"单元的学习，搜集有关春节的习俗，开展移风易俗辩论，结合三年级"生肖歇后语"、四年级"画谜"、五年级"对联"开展相关研究。综合实践课结合三年级"多彩泥艺""快乐剪纸""衣物的洗涤"、四年级"面点制作""学做家常菜"、五年级"编织""雕刻"开展体验活动，如剪窗花、包饺子、编中国结、贴钻石画、刻萝卜花等。科学课结合三年级环境教育"过个环保的春节"、四年级环境教育"饮食与环保""绿色生活是一种责任和行动"、四年级安全教育"安全使用家用电器""小心煤气中毒"、五年级安全教育"烟酒我不沾""谨防食物中毒"、四年级科学教育"吃的学问"，搜集有关绿色春节、安全春节、健康春节的内容，由各年级学科教师根据学情制定具体的、适合1～5年级学生的课程实施方案。

探究课程群的核心是开拓创新，以我们的科学课为基础，结合学生实际和学校地域实际进行拓展，侧重培养学生的科学兴趣和探究意识、探究习惯，开展了"走进植物世界""我们身边的动物世界""校园里的花钟""数码科技""摄影入门""科学小实验""疯狂的物理"等课程，从不同角度呼应了学生科学学科素养培养的需求。

丰富多彩、开放融合的课程体系，促进了教学方式的根本性转变，有利于培养学生的创新精神与实践能力，从而实现学生的全面发展。

第四节 迁移——思维的创造

迁移性思维是指人脑在发展创造性的思维过程中，根据已经获得的知识、技能和方法等因素，获取新知识、新技能和新方法的思维能力，它与创造性思维和发散性思维类似。

迁移是指一种学习对另一种学习的影响。迁移教学的实质就是让学生运用旧知识探索新知识，发现新规律，不断重组自己的认知结构。因此，在教学时必须充分调动学生的各种积极因素，让他们主动投入到学习活动中去。当然，准备了良好的迁移条件，不等于迁移活动就一定会发生。实践表明，迁移活动的实现，还有赖于学生主体作用的发挥和教师的正确引导。教师应根据不同教材、不同情况，选择适当的方法，使知识的迁移顺利实现。

叶圣陶先生说："所谓教师引导作用，盖在引导启迪，使学生自奋其力、自致其知，非谓教师滔滔讲说、学生默默聆受。"创新、激情、奉献恒久地涌动在每一个实校人的血脉中。在思维碰撞课堂改造行动中，泰安市实验学校制定了科学的规划、严密的制度，展现出了闪亮的智慧。

课堂的基本工具是学习小组和学业纸，它们成为思维碰撞课堂的两块基石。小组建设根据小学或初中学生的不同情况，按照组内异质、组间同质的原则，可以划分为四人或六人小组，每个小组都有自己的组名、组规、组训。小组把大班额小班化，是班级学习、活动、评价的基本单位。学业纸是学生的课前预习单、课上记录单、课下作业单，又是学生的问题单，是学生思维的触发点和生长点，分为"思维引入、思维碰撞、思维迁移、思维导图"四个基本元素。

以学业纸的设计为例，首先突出学生的主体地——"为学生学习而设计"。按照学习规律引导学生去"自主、合作、探究"学习，让学生逐步学会发现问题、分析问题、解决问题，体验成功的喜悦，进而提高学习能力。例如武晶老师教学《白鹅》和《白公鹅》时，根据学生在课堂学习中对于同一知识点的理解角度、思维方式、深度、广度等方面存在的差异，让学生从思维的交流中发现各自的不同，产生碰撞，并分析产生不同的原因，把深层次带有规律性的问题激发出来。让学生在充分学习了课文内容后进行交流："不同作家笔下的白鹅在写法上有什么相同和不同的地方？你还有什么疑问？"学业纸涵盖了本文的学习要求。教师提出一个问题：比较写法的异同，引导学生质疑。学生课前完成了学业纸，掌握了两篇课文的主要内容，梳理提出的疑问，然后讨论交流解决问题的办法，最终在课堂上展示：可以美美地读出自己的体验，也可以大胆地说出自己的思考，倾听别人的心声，抒发自己的感情。

又如在学习《颐和园》时，采用了一篇带多篇的辐射式阅读。根据学生的不同层次，在编写学业纸时也将教学预设分为思维引入、思维碰撞、思维迁移，并在每一环节进行了相应的学法指导。在学习文章的过程中，学生根据学业纸的指导完成了《颐和园》的学习，在一节课中又补充了《黄河风景区》。因为两篇文章都是移步换景的文章，所以在学业纸的设计上，以感受写作方法为侧重点，指导学生学习此类文章脉络的方法，学习写景色是搭架子的方法，并在课下让学生自主阅读了《记金华的双龙洞》和《迷人的张家界》两篇文章。

可以说，学业纸让学生对课堂探究学习做了充分准备，帮助和引导学生用科学的方法提前预习，初步了解知识框架并提出预习疑惑。学业纸的引领、自主合作的学习方式，让教师走进学生，使学生更专心了，其个性也得到了展示，大大提高了学生的学习效率，使其学得多而实。

当然，具体到课堂教学，思维碰撞课堂要把握三个关键点。

1. 把握准思维碰撞点

思维碰撞课堂首先需要定位思维碰撞点。思维碰撞点是新旧知识的冲突点，是认知结构的重组点，是不同个体的思维交汇点。教师需要设计具有思维价值的高质量问题，引导学生生成不同的个性化观点与看法，以促成高质量的多维对话。

2. 组织好思维碰撞活动

课堂厚度靠问题，课堂效率在活动。组织好课堂上的思维碰撞，需要强化两个交流点：一是同伴互助或小组活动时的对话；二是集体活动时的（师生、生生）对话。

3. 为学生提供有力的学习支架

学习支架是根据学习需要，为学生提供的一种资源支持，以帮助学生顺利通过最近发展区。在思维碰撞建构的过程中，学校开发运用三种工具承载学习支架：即用于课前备学及补学的微课程（视频）、用于承载问题设计及活动指导的学业纸（活动纸和练习纸两种，也可用课件替代）、用于知识归纳及思维开发的思维导图。

为了方便记忆，这里就给出四个字——想、说、写、做。任何事情都需要思考，思考的东西需要表达，表达的形式有说和写；光说不练是没有效果的，所以行动是想、说、写的归宿。没有行动、没有做，任何理想都只会是空想。

想

"想"就是思想、思考。用思维导图可以让我们思考得更快捷一些，想得更完整一些。我很小的时候看过一部广告，其中有一句广告语："人类失去联想，将会是什么样？"那么，我们为什么要思想呢？因为任何事情离开了思想就无法运作了，哪天我们停止了思想，我们的生命也就终止了。导图对"想"的影响力，从字义与图像中可看出相关性。思维导图，思维就是"想"，导图就是思维的发散，就是对环境活动认识的表达。"想"是发散与集中的基础，而集中与发散则是思维导图应用的理论基础，集散原理在本篇第三、四章以及提升篇中会进一步阐述。

说

"说"是一种最强大的沟通工具，我们从生下来就开始与世界交流，人的本能让我们要表达自己、展现自己。我们接收到大量的信息，如果不表达出来，对方很难了解我们，一个人一生中无时无刻不在与人沟通。"说"的本领可以让人与众不同，怎样才能说得好呢？用导图思维，就是想说什么、怎么说的过程。当然，说的对象也非常重要，不然就是对牛弹琴了。

写

"写"一直被很多人视为难事，以前我也有过这种想法。其实，这是一件很简单的事情。因为有了写作的目标，我们就能把有关主题的东西从脑子中"倒"出来，再用思维导图进行写作（从小学到大学再到我们的工作，需要不断进行书面表达）。文科类写作在总分值中占比约为40%，所以会写作将会影响我们一生的命运。

做

"做"就是把设想的计划启动实施起来。再完美的计划，如果不行动也是空中楼阁。光说不练的人，在生活中也会让人看穿。做就是按照预先的计划，一个步骤一个步骤地落实。万事开头难，有了第一步，后面就顺畅了。所以，决心非常重要，怎样用思维导图影响我们的执行呢？思维导图不会代替我们完成任务，但它可以规划我们的任务。

课堂四十分钟如何高效利用是一线教师亟待思考的问题，精彩思维成果的产出离不开精妙的设计，思维迁移作为思维碰撞课堂的一大重要环节，是培养学生核心素养、促进学生深度学习的关键点。学校经过七年课改，借助学业纸对知识点进行链接、对比、深化、应用，形成了指向性强、全学科、多维度、有规律的迁移拓展体系。

1. 指向学习背景补充

对学习资料进行链接，增强理解。如在学习《呼风唤雨的世纪》一课时，在思维碰撞部分，教师组织学生进行小组合作，浏览课文，找出人类拥有的科学成果，体会20世纪科学技术变化之快、变化范围之大。学生在充分感知的基础上，在思维迁移部分以"你还了解哪些现在科学技术改变了我们的生活"作为知识补充内容，将"X射线""青霉素""维生素"等科技成果补充进课堂。学生通过资料的搜集、分享，进一步感受科技的发展为人类社会带来的变化，升华情感。在讲述《地震中的父与子》一课时，拓展阅读卜劳恩的漫画集《父与子》，感受父子之间浓浓的亲情。

2. 指向阅读方法的比较迁移

通过精读课文掌握方法，多篇略读课文迁移巩固方法。如丰子恺的《白鹅》与俄国作家叶·诺索夫笔下的《白公鹅》是人教版四年级上册相邻的两篇课文。《白鹅》作为精读课文，在教学中，教师引导学生从白鹅的叫声、步调、吃相三个方面体会其高傲的特点，在课堂学习的基础上，拓展迁移略读课《白公鹅》。通过对比，比较中外作家写作内容及风格的异同，引导学生思考："俄国作家叶·诺索夫从哪些方面描写了白公鹅的特点？又是怎样描写的？"将精读课《白鹅》的阅读方法迁移到略读课《白公鹅》中，通过自主学习，学生将抓中心句概括文章主要内容的阅读方法进行迁移运用，习得抓住事物的主要特点进行表达的写作手法。通过表格对比，归纳出两篇文章都是先概括写出鹅的特点，然后从不同角度具体展开描写，同时都运用了拟人和反语表达出对鹅的喜爱之情。由于国籍不同，两位作家的语言也带有各自鲜明的特点，学生在阅读中体会叶·诺索夫笔调的轻松诙谐与丰子恺语言中浓浓的京味儿。在《巨人的花园》一课中，在了解思想内容的基础上，最重要的是体会对比的写作手法，感悟巨人归来前后环境的变化。所以，这篇课文的思维迁移部分，将王尔德的另一篇童话《快乐王子》作为推荐阅读对象，感受其极致的对比手法。

"以一带一""以一带群"也是古诗教学中常用的教学方法，为加大经典诗词的阅读量，激发学生学习的兴趣，在学习原有教材的基础上适当补充扩展是十分必要的，这样就可以收到相互引证、相得益彰的效果。教师鼓励学生运用多种渠道找同一诗人的不同作品、同一题材的不同作品、同一时代的不同作品，这不仅有助于扩大信息量、拓宽知识面，还能改变传统模式中的单向教学模式，使学生学习的自主性得到充分体现。对于古诗词教学，要将课上得有厚度，拓展教学是很有必要的。这是对文本的一种超越，一篇带多篇几乎是古诗词教学拓展延伸的共同做法，教学时以诗比诗、以诗带诗、诗中有诗，在比较中加深感悟诗句的内涵和美感。有的是同一主题、不同诗人的对比，有的是同一诗人、不同风格的对比。对于同一主题的古诗（如送别诗、思乡诗等），我们还可以采用"以点带面，横向比较""主题延伸，深入人心"等方式，先扶后放，增加学生古诗的内在积累，提高学生的古诗鉴赏水平（如《游子吟》《赠汪伦》等）。对经典诗词教学策略的探讨会使我们更好地找到学习和吸收民族文化的最佳途径，从而促进学生学习古诗词的效果，切实提升学生的语文素养。在部编版三年级上册小古文《司马光》的教学中，教师以读促悟，以

"三读法"（读准字音、读出节奏、熟读成诵）贯穿教学全过程。《司马光》一文短小精悍，教师引导学生正确朗读，了解小古文的特点以及"于""皆"等词语的含义与用法，在此基础上拓展小古文《猫捕鱼》《龟兔赛跑》与《孔融让梨》。学生将"三读法"迁移到阅读中，通过思维碰撞了解文章含义，体会其蕴含的道理，进一步感受小古文言约义丰的特点。

3. 指向读写结合

读写结合，是以文章为载体，从文章的内容和形式出发，设计与之相关的"写"的训练，将阅读、习作、思维训练融为一体，提升学生的语言能力。如教学《小木偶》一课时，课文内容是小木偶由于只有一种表情——"笑"而遭到别人的误解，后来在小女巫的帮助下获得人类所有表情的故事。课文主旨告诉我们，笑是十分重要的，但是光有笑是远远不够的，我们要用真情、用不同的方式去体验生活、感悟人生。这篇童话对于小木偶获得表情后的生活没有展开叙述，激发了同学们的丰富想象。在思维迁移部分，教师以"小木偶拥有表情后发生的故事"为话题，引导学生合理续编故事。学生集思广益，想到小木偶再次遇到小红狐、熊警官、老婆婆以及其他人物后所发生的故事，表达对别人的同情与关心。带着丰富的想象，教师引导学生把握童话的特点，通过拟人化的写作手法，将《小木偶的故事》续编成一篇完整的童话故事写在作文本上，并且运用以文配画的形式做成画报，作为学科活动日的重要组成部分。

4. 指向语文本体知识的建构和训练

作为语文教师，我们应认识到课文是以语文的功能存在的，而不是仅以内容的形式存在的。教师在思维迁移的过程中应关注文体特点，从语用的角度关注遣词造句，关注语言表达形式的连接性，关注语言的感悟与应用。如《威尼斯的小艇》一课，在讲到"莞尔一笑"一词时，随机迁移表示笑的四字词语，学生可说出"捧腹大笑""微微一笑""哈哈大笑"等词语，教师引导学生在归类的同时辨析词语意思之间细微的不同之处，将零散的、孤立呈现的知识以语文地图的形式进行构建，打下本体知识的基础。又如《桂林山水》一课，在思维碰撞环节，师生通过合作探究，梳理出桂林的山奇、秀、险和漓江水的静、清、绿等特点。课文第二、三段为写景重点段，脉络清晰，表达有序，运用多种修辞手法呈现出一幅幅优美的画面。在思维迁移环节，教师引导学生根据课文第二、三段的格式进行仿写，要求运用比喻、拟人、排比的修辞手法，抓住景物的特点进行细节描写。这样的思维迁移指向语言的运用，引导学生将相同的段落进行归类，体会文学表达形式的多样性与丰富性。

【案例】

精读方法指导举例

精读方法指导课上要重点对学生进行识字、写字、学词析句、学习段篇、学习标点等方法的指导，其常用方法如下：

（一）识字方法指导

1. 随文识字方法指导。基本做法：一是随文正音；二是随文记形；三是随文解义。

2. 其他识字方法指导。例如儿歌识字、字卡识字、实物识字、归类识字，各种识字方法都不是孤立进行的，要在教学中根据精读课文的语言环境，自由选择，灵活运用，从而不断提高识字能力。

（二）写字方法指导

1. 以激趣导入为起点，学写课题中的字。例如一年级下册的《胖乎乎的小手》，在课文导入时，就从"小手"导入，继而认识"胖"、学写"胖"字。

2. 以教材内容为依托，学写文本生字。例如二年级下册《最大的"书"》中"岩"字的书写指导。

3. 以集中识字为载体，重点突破难字。例如二年级下册的《找春天》，要求会写的字就有9个，且笔画较多、较难。教师可在复习课文之后，利用学生喜欢的"捡豆子"游戏，检查其生字的认识情况。

（三）品词析句方法指导

1. 品词方法的指导。

（1）查字典、词典理解词语。

（2）分析字义理解词语，例如"形态各异"一词。

（3）联系上下文理解词语。

① 联系上下文有关词句，理解词语，如《翠鸟》一课中"鲜艳"一词。

②联系上下文语句间关系，理解词语。如《浅水洼里的小鱼》一课中"被困的小鱼，也许有几百条，甚至有几千条"一句中要理解"甚至"一词。

（4）运用比较法理解词语。

①近义词比较。例如《富饶的西沙群岛》第二段中，要理解词语"五光十色"。

②同（异）词异（同）义。例如《伯牙绝弦》一课中连续出现了四个"善"字，可以用比较的方法引导学生来理解。

（5）运用演示法理解词语。

①学生演示。如《一个小村庄的故事》中"谁家想盖房，谁家想造犁，就抡起斧头到山上去，把树木一棵一棵砍下来"的"抡"字。

②教师演示。例如教学《乌鸦喝水》时，写水"渐渐地升高"一句中的"渐渐地"，教师可通过演示使学生理解词义。

③多媒体演示。

（6）联系生活实际理解词语。

（7）分析词语的形体、构成，理解词语。

①分析字词的形体，理解词语。例如《盘古开天地》中对"滋润"词语的教学。

②分析词语的构成，理解词语。例如对"信赖"一词的分析和理解。

2.析句方法的指导。

（1）抓住关键词语理解。如教学《如梦令》一课时，通过师生之间的对话，在理解"醉"字的基础上进一步理解整句话。

（2）联系上下文理解。

（3）联系生活实际理解。如《自己的话是让别人看的》一课中有这样一句话："人人为我，我为人人。我觉得这一种境界是颇耐人寻味的。"

（4）联系时代背景来理解。如《七律·长征》一课。

（5）咬文嚼字法。如理解《草原》中的最后一句："蒙汉情深何忍别，天涯碧草话斜阳。"

（6）以读代讲法。如《再见了，亲人》最后几段。

（7）概括句义法。如《白杨》中理解爸爸说的话：爸爸的话说了几个意思？介绍了白杨的几个特点？

（8）换词、句比较法。如《圆明园的毁灭》一课中有这样一句话："1860年10月6日，英、法联军侵入北京，闯进圆明园。他们把园内凡是能拿走的东西，统统拿走，拿不动的，就用大车或牲口搬运。实在运不走的，就任意破坏、毁掉。"可以把"闯进"换成"走进"，把"凡是、统统、实在、任意"省略吗？再比较异同。

（9）还有文章中特殊的表达句式。如"您说，这比山还高、比海还深的情谊，我们怎么能忘怀"换成一般句式，比较表达效果，进一步体会句子的含义。

（四）句段精读方法指导

1. 抓关键词法。如《穷人》一课中"哦，我们总能熬过去的"的"熬"字。

2. 联系上下文法。

3. 查找资料法。如《我的伯父鲁迅先生》一课中有这么一段内容："你想，四周黑洞洞的，还不容易碰壁吗？"

4. 揣摩内心法。

5. 想象画面法。

6. 增减比较法。如《一夜的工作》。

7. 关注标点法。

8. 多角度理解法。如《匆匆》一课中有一段描写："在默默地算着，八千多日子已经从我手中溜去。像针尖上一滴水滴在大海里，我的日子滴在时间的流里，没有声音，也没有影子。"

（五）篇的精读方法指导

1. 课题分析法。教材中的课文题目，有的指向课文主要人物，如《地震中的父与子》；有的指向事件，如《窃读记》；有的直接指向课文中心，如《真理诞生于一百个问号之后》；有的直接引起学生好奇，如《钓鱼的启示》。

2. 段意合并法。

3. 中心句段摘录。如《詹天佑》中的第一句"詹天佑是我国杰出的爱国工程师"即为本文的中心句，放在了文首。

4. 要素概括法。如《狼牙山五壮士》《军神》《钓鱼的启示》等课文，都可以用引导学生提炼课文六要素"时间、地点、人物、事件起因、经过、结果"的方法来概括文意。

（六）标点符号方法指导

1. 潜心涵泳，回读标点的停顿，体会文本的节奏。

① 于停顿长短中体会。如"七点。七点一刻。七点半。父亲还没有回来。我实在等不及了。"——《"精彩极了"和"糟糕透了"》

② 于节奏轻缓中体会。如"小鹰急促地喘着气，对老鹰说：'现在……我总算……会飞了吧？'"——《小鹰学飞》

2. 细细推敲，走进标点的背后，倾听文本的声响。

① 于对话处倾听。如"什么时候？""你要是愿意，就明天？"——《秋天的怀念》

② 于对比处感悟。如在《画杨桃》一课中，"这幅画画得像不像？""不像！""它像什么？""像五角星！""现在你看看那杨桃，像你平时看到的杨桃吗？""不……像。""那么，像什么呢？""像……五……五角星。"

③ 于重复处体验。如"富兰克林欣喜若狂地喊道：'成功了！成功了！我捉住'天电'了！'"——《天火之谜》

④ 于空白处想象。（举例略）

第三章

素养

作为一名语文教师，回顾自己的小学语文学习生活，哪节课给你留下了深刻的印象，让你记忆犹新？又是哪些课如过往云烟，不留一点痕迹？让我们至今难忘的，是不是那场大雪后，老师破例让我们出门玩雪，看漫天飞舞的雪花，团冰凉刺骨的雪球，听踩在雪上咯吱咯吱的声响……之后让我们写了一篇作文，当然写得还不错。让我们至今难忘的，是不是那次课堂上老师引经据典给我们讲了故事，或是意外地拿了一本好书抑或一本杂志、报纸读给我们听，教室里静得可以听到一根针掉到地上？让我们失去印象的，是不是老师每天刻板地走进教室，像往常一样，读课文、分析句子、概括段意……

第一节　以"学"为中心的"融"课程实施

随着信息技术的普及，每一个教育者都应当更冷静、更深层地去思考我们的教育教学，学校确立了以"学"为中心的"融"课程实施策略，充分运用大数据、新媒体和新工具，实现学生多要素、长链条、全方位的全域学习。要充分吸收线上教学的优势和优点，优化线下教学；树立以"学"为中心的教学理念，"教"永远为"学"设计；重视课程开发和整合，为学生提供项目化学习资源；立足学生的心理疏导和兴趣激发，实现学生的自主发展和自能发展。

一、课堂教学：教学设计不如学习设计

传统教学常常忽视学生已有的知识经验，简单、生硬地灌输知识，不能发挥学生的积极性、主体性，使学生处于被动的地位，这不仅使学生丧失了独立思考的机会，而且限制了学生的创造性。经过本次线上教学的实验，学校要求优化课堂教学，更加重视学生的习惯养成，更加重视资源的开发和整合，倡导素养导向的意义学习、回归生活的真实学习、内在驱动的综合学习、多元互动的共同体学习。

教师的"教"永远为学生的"学"服务，这是一切课堂教学改革的前提和基础，是深度学习的保障。把传统的教学设计改为学习设计，不仅仅是名称的变化，更应该是教学理念和思想的深化。

比如小学语文统编教材实行了"双线组元"的编排方式。每一组都有基于前一组和后一组的不同语文要素、主题特点、训练重点和教学难点，教学中要充分吸收线上线下教学的各种优势，结合各种现代化信息技术课程资源，把一个单元看作是一个整体，围绕单元的主题把课堂教学、课外阅读、写作、实践

活动有机整合起来，集中开发课程资源。以"学"为中心的学习设计，可以改革课堂教学模式，提高学生的综合能力，也必将为学生的终身发展打下基础。

二、课程建设："融"入生命成长的全域

我们应该大力实施项目式学习，开发相关课程，实现线上线下双线并进、跨界发展。项目式学习指向核心知识的再建构，要求学生学的是核心知识。这些核心知识可以是关键学科概念、学科能力，也可以是与学生成长密切相关的知识。项目式学习最终要实现知识的再建构。当学生在新的情境中能运用以往的经验产生知识时，就意味着迁移和知识再建构的发生。

项目式学习是融合师生、生生、家校等多种主体资源，实现共享思维碰撞、过程共塑、智慧生成的共创过程。《小改变大效率》是青岛版小学科学（五四学制）三年级下册《设计与发明》单元的第三课时。本课通过快速发书的事例，使学生认识到改变方法和程序可以提高工作效率的道理。居家期间，学校采用从邮局邮寄的方式分发课本，教师指导学生思考两个问题：如何分发不同年级所有学生的课本？如何把课本邮寄到家？选择其中一个问题设计快速完成的方案。能力强的学生还可以思考：快递员是如何高效送货的？印度的达巴瓦拉是如何工作的？

另外，家庭购物一般选择集中大量采购的方式，如何帮助家长快速完成采购任务？可以设计以下问题：到哪个超市或者商场去；什么时段去；需要购置的用品分别是什么，数量多少；去几个人；所需物品在超市什么位置；称重与不称重物品分别放置；取用几个购物车；超市购物袋准备多少个；用时统计；方案修改；简单理由。

我所在的学校，开设了"请你结合时事做一次小小广播员""请你和妈妈一起做一道满意的菜品，并把过程分享给同学们""请你调查自己的姓氏文化，做一次主播""请你调查生活中的对称图形，发现它的美"等一项项有主题、有过程、有展示、有反思的学习项目，让学生变成了一个个小先生、小主持人、小播音员。这是一种思维碰撞下活动的、合作的、反思的学习，即让学生的学习与生活、与自我、与社会对话，是从个体出发又返回个体的学习。

三、教育评价：“融”入学习的全过程

教育即评价。任何一项教育教学改革，学生有无发展或进步，是衡量和评价学习有效性的重要标准。全程评价，是指将评价融合到教师的“教”和学生的“学”的全部环节和细节的评价方式，而不是学习结束后测评性质的终结评价。评价和思维应该同时发生，它也是提高思维能力的载体。

教师在给学生的学习设计方案之初，就要做到五个明确：明确教什么（目标）、教到什么程度（内容）、如何知道学生学得怎样（反馈）、如何整体设计活动（组织）、如何呈现成果（检测）。特别强调单元整体化设计—学习活动化实施—思维可视化的呈现。我们要充分运用基于大数据、云计算、线上线下相融合的即时评价工具，收集反馈信息，调整教育教学手段。

小学阶段的学生开始接触小说单元的阅读，但小说的知识点很多，比如人物、情节、环境、正面描写、侧面描写等，我们在教学中该如何选择呢？我注意到，在语文要素的设计方面，四年级下册是学习把握长文章的主要内容，按一定顺序把事情的过程写清楚；五年级是注意体会作者描写的场景、细节中蕴含的感情，通过动作、语言、神态的描写体会人物的内心，学习描写人物的基本方法；到了六年级上册，才正式提出“读小说，关注情节、环境，感受人物形象”的要求。这样前后观照、左右勾连，我们就能很快站在文体的角度，明确文本的教学目标。要做到“全流程评价”，最重要的是遵循统编教材设计中语文要素的训练发展线，用目标达成的理念倒推学习过程。有了这种“全程评价”的思想，倒推学生的学习过程，倒推教师的教学过程，才能做到“到位而不缺位”“到位又不越位”。

四、教学研讨：“融”入智慧共享的云平台

教研应该走在教学的前面。如何在新形势下开展教研，指导学生更好地学习课程，体会自身和社会，应该是教研的出发点和落脚点。各学科教师统筹安排，实行不囿于时空的融合性“云教研”是大趋势。教研组成员采用统一便捷的信息技术工具，共同协商，分工合作，以达到资源的甄别、制作、上传、共享、下载，不断提高教研效率。

首先，教研形式要创新。要实行备课集慧式，全组策划，一人主备，智慧分享；课堂教学实行"全员展示互评制"，每学期每人最少执教一节课改课，大家你听我的、我听你的，互相借鉴，互相启发；课后反思采用"自发随机式"，随机交流，相互启发、学习。其次，教研内容要创新。做到常态教研与专题教研相结合，就课改推进过程中所遇到的问题，组织教师及时进行专题研讨。还要做到常态教研与"云平台"相结合，及时遴选出优课，全力打造公开课。

五、心理教育："融"入新服务和"心"关怀

开学以来，学生的心理健康教育受到社会的普遍重视。诸如由于心理落差产生的厌学现象；对学校教育、班主任管理或同学交往的排斥，甚至极端事件屡有发生。学校要大力开展线上+线下家访、一对一谈心等活动，为学生提供个性化、心贴心的心理服务和疏导，为每一名学生撑起一片晴朗的个性天空。

"张老师！我快被气死了！我也没办法了！……"这怒不可遏的声声控诉，来自一向脾气火爆的睿睿妈。原来，睿睿在假期期间沉迷手机游戏。对于网课和作业，要么敷衍了事，要么干脆逃避。面对妈妈的管教，他要么充耳不闻，要么竭力对抗。而睿睿妈是如何应对的呢？她选择了之前惯用的、简单粗暴的教育方式。结果，只落了个"两败俱伤"。

开学后，我对睿睿的假期表现只字不提，以"阳性强化法"面对归来的他：每当他认真书写时，我就不吝溢美之词；每当他专心听讲时，我就报以会心一笑；每当他主动举手时，我就热情鼓励……渐渐地，睿睿的眼神不再躲闪，每天都高高兴兴地来到学校，在课堂上总是洋溢着笑脸。

——摘自山东省泰安市实验学校张老师的心理疏导日志

分析以上案例，班主任张老师综合考虑学生的个性特征以及童年期的认知发展水平，以"阳性强化法"重塑学生的学习态度，引导学生步入正轨，成效显著。充分重视家长的过激言行以及焦虑情绪，采用倾听、共情等方式进行疏导，避免了事态恶化。

总之，教育不是无形的，教育应该是看得见的。教学改革到了深水区，呼吁我们开展一场"看得见"的教育教学革命：学习设计看得见、学习过程看得

见、结果呈现看得见、评价方式看得见、学生成长看得见。"教育，不是把篮子装满，而是把灯点亮。"激发学生自主学习的"学习动场"是一个长期的过程，但重构教学流程，构建以"学"为中心的"融"课程，实现学生自主、能动的全域学习，是教育发展的必然要求。

第二节　走向深度学习，提升核心素养

语文教学中的核心素养包括语言建构与运用、思维发展与提升、审美鉴赏与创造、文化理解与传承四个方面，最终要使学生形成良好的语言核心素养。语文课必须以提高学生的语文核心素养为宗旨，课堂上的深度学习无疑是重要路径之一。而深度学习是更有思考性、更有独特性、更有批判性的学习，是学习者由近及远、由表及里、由浅入深，经过自己的独立思考，产生自己独立建构和独特发现的学习。

在我们的语文思维碰撞课堂上，如何促进学生深度学习，培养学生深度学习能力，提升学生的语文核心素养，是我们组重点研究的课题。通过一学期的课堂教学实践以及学习思考，我们有了些许发现，总结如下。

一、深度的课文解读，确保成果指标有效

在日常阅读教学中，这样的现象极为普遍：语文课上完了，学生留下的多是对课文内容的印象，而不是课程能力的长进。上海师范大学吴中豪教授一针见血地指出，这是在"教课文"，而不是"教语文"。学生学习语文必须掌握的可以终身受用的语文知识、语文方法和语文技能等课程的本质内容是语文课的"脊梁"。因此，我们应该具有清晰的课程意识，不能拘泥于课文，而要站在课程标准的大背景下，从作者的角度出发，以文学的视角品读，理解思想内容，剖析语言风格，最大程度地挖掘作者的本意。从学生的视角解读，预测学生阅读的原始体验；从教师的视角解读，揣摩编者的意图，把握课文的教学价值，确定教学的核心内容。这样的解读越深入，教学目标就越明确、具体、可操作，思维碰撞课堂的成果指标才会越清晰、到位。

如此看来，《珍珠鸟》一课的教学，仅引导学生理解"信赖，往往能创造出美好的境界"显然是不够的，因为这只是课文内容。那么，如何确定《珍珠鸟》这一文本特定的课程内容呢？我们可以首先和课程标准对话，发现第二学段重在段落的训练，要求学生注意把自己印象最深的内容写清楚；与教材对话，本文叙述了珍珠鸟逐步信赖"我"的过程，尤其是第四自然段极为典型，以时间顺序展开，着重描写了珍珠鸟的动作；与学生对话，进入第二学段后，学生已进行有顺序表达的练习，但对有顺序地写清楚发展过程是首次接触。三方面对话，要教的课程内容逐渐清晰——学生理解珍珠鸟是怎样逐步信赖"我"的，并学习按时间的顺序写清楚过程发展的习作方法。当语文课落实了课程目标，这节课便成为学生语文素养生长序列中的重要一环。

二、优质问题驱动，明确思维导向

华东师范大学的郅庭瑾教授在《教会学生思维》一书中说道："问题解决和创造性思维两者之间是互利的关系，任何一方都能够带来另一方的实现。"提出有深度的问题是引导学生进行深入思维碰撞的前提，是进行深度学习和发展核心素养的前提。

以阅读为例，闽南师范大学的代顺丽教授和上海师范大学的王荣生教授研究认为，语文阅读教学中有效问题的本质特征有两个：一是要促进学生的理解，达成一个或多个目标；二是要关注重要的教学内容。对于这个教学内容的筛选框架，我们可以画三个圆圈来理解：第一个圆圈是"需要熟悉的知识"，即教师可以涉及和了解的信息，因为这是共同文化背景的一部分。第二个圆圈嵌套在第一个圆圈里，代表着课程内容，对学生来说是重要的、应该了解和掌握的内容。第三个圆圈位于该框架中心位置，表示"持久的理解"，即浓缩某个课程和学习单元的核心内容。

明确了有效问题、深层次问题之后，如何才能筛选出高阶问题进行探究式学习呢？课前，学生依据思维导引进行前置学习，那么课堂上就应该有对前置学习的检查与反馈，这就需要教师很好地把握学情，对学生的问题单逐一过目，记录其中有代表性、有研究价值的问题，留待课堂上进行呈现。开课伊始，交流预习内容，最终聚焦在学业纸问题单上，引领学生共同筛选出最值得学习的、深层次的疑难问题。要想解决这些问题，我们只需要解决其中的一个大问题，从中选择出本教材要研究的核心问题，这样一来其他问题也就迎刃而解了。

三、立体的课堂活动，使思维碰撞更高效

"思维碰撞课堂，从以教师讲授为主到以教师组织学生活动为主，真正做到了'教'为'学'服务。"新课程课堂的基本特点是动态生成，要让学生进入深度学习状态，必须激励学生深度参与。所以，明确了优质问题以后，我们可以在课堂上组织专题探究、主题拓展、观点争鸣、小组讨论等立体的课堂活动。比如教学许地山的《落花生》时，针对课文中"花生的好处很多，有一样最可贵：它的果实埋在地里，不像桃子、石榴、苹果那样，把鲜红嫩绿的果实高高地挂在枝头上，使人一见就生爱慕之心"这句话，我们可以提出一个论题让学生辩论：当今社会，你想做像花生那样的人，还是想做像苹果、石榴那样的人？以往的教学中都是引导学生学习花生默默无闻、不炫耀、不张扬的品质，而本课教学中，因为这样一个辩题，为学生创造了发表个人见解的机会。许多学生说要做像苹果那样的人，善于表现自己，张扬个性。还有的学生说："我既想有花生的品质，也想有苹果的勇气与才华。现在社会需要自我表现的人才，花生默默无闻奉献的精神是可贵的，但是苹果的自我推荐也值得赞赏。"可见，学生的理解远比教师教的丰富而深刻。而且学生对教科书的自我解读，赋予旧教材以新的含义，提升了教材的价值，体现出教学的现实意义。再比如《新型玻璃》一课，可以在学业纸上设计表格导读，从"课文介绍了哪几种新型玻璃？各有什么特点和用途？分别是如何抓住特点和作用进行具体介绍的"等几方面开展小组合作学习。课堂展示时，组内解决不了的问题再汇总到全班进行交流。

实践证明，语文课堂学习活动是催生学生思维、情感、语言的动力场，能吸引学生深度参与，使其全身心投入体验阅读、思考、理解、表达过程，所学的知识被激活，使学生的能力真正发展起来。

四、适度有效拓展，为思维迁移增效

有专家指出，深度学习贵在参与、重在思考、妙在引领、巧在拓展。的确，拓展延伸可以渗透到语文课堂教学的各个环节。但是，拓展必须建立在深入掌握文本的基础上。正如于漪老师在《语文课要教出语文的个性》一文中指出的："那种文本的内涵还未掌握，就延伸，就拓展，远离文本过度发挥，语文课就会打水漂，就会浮泛，语文的个性淡化了，乃至难以找到痕迹。"这就告诉我们，语文课的拓展，中心只有一个，即语文本身。真正的拓展应该强化教学主题，帮助学生更好地理解文本，更好地深化发现的成果。

在语文学习中，拓展延伸的渠道极其广泛，从作品入手、从作品内容入手、从写作手法入手……都可以把学生带到更广阔的学习世界，获取新的学习成果。但要达到适度、有效，就必须精心筛选拓展内容，悉心挑选延伸形式，适度控制拓展容量，准确把握延伸时机。比如，语文学科源于教材的编写、围绕单元主题的特点探究了"整组推进"的教学策略，我们便可以单元主题为核心，有效拓展主题资源，创新实践形式，为学生提供发展提升的平台。学完寓言单元后，为了让学生更加了解寓言及其特点，我们可以设计一份"走进寓言"的作业，包括提供相关资料给学生阅读，使其更多了解寓言，也可以提供一些图片让学生猜猜是什么寓言故事。寓言最大的特点就是篇幅短小、道理深刻，可以给学生提供一组寓言故事进行阅读，并让其试着记录明白的道理，甚至还可为学生推荐阅读整本书的寓言故事。这样的设计与教材单元主题的关系极其紧密，源于教材又超越教材，能使学生学以致用。

当然，只要教师找准单元主题的切入口，广泛搜集资料，有效融合各种学科资源，精心设计实践形式，学生便能从中获得长久的语文素养提升。

总之，语文课必须以提高学生的语文核心素养为宗旨。语文教师应该积极建设有思维深度的语文课堂，在教学中多一点责任、多一点坚持、多一点谦虚、多一点实干，睿智地将深度学习进行到底，让课堂真正焕发出生命的活力，让学生真正走向深度学习。

第三节　把握文体特点，设计教学思路

小学语文高效课堂要求的不仅仅是课堂上掌握的知识多、学生学习的效果好，学习的能力和素质的提高才是首要的，同时要让学生体会阅读的愉悦，体会人生的魅力。当然，后者是通过语言文字来传达的。记得田宝军教授说过："教学是师生共同体验生命快乐、提升生命价值的过程。"语言文字的魅力是巨大的。在高效课堂的口号喊得越来越响的今天，越来越多的教师在关注怎样教的问题，却忽视了教什么的问题。无论散文、记叙文、说明文，还是应用文、诗歌……统一用同一种教学模式进行教学，学生真正和文本本身接触的机会很少。因此，不同文体的文章特点不同，教学时要充分予以考虑，并根据文体特点设计不同的教学思路。

一、文体特点决定了教学内容

文体本身只是教学的工具，不是教学的内容，所以不同文体教学的侧重点也不同。例如对于《开国大典》一文的教学，我们一般都是按照开国大典的程序——开始前群众聚集广场、下午两点升旗仪式、鸣礼炮、阅兵式、群众游行来设计教学，其中升国旗部分是重点内容，让学生反复诵读，读出自豪感来。这样的设计不错，可李学红老师讲了另一位教师的讲课方式，着实让我们陷入思考。这位教师先布置写作——学校秋季运动会，再学习《开国大典》，概括出文章的主要内容，即开国大典的程序；然后比较学习，感知场面描写的方法；最后是拓展阅读，了解开国大典的有关历史资料。可以看出这位教师就是把《开国大典》这篇说明性文章当作"用件类"文本来用，旨在指导写作方法，而没有将其当成思想政治课的范本对学生进行思想教育。

二、文体特点决定了教学策略

不同的文体有不同的特点。提到记叙文，马上就想到六要素：时间、地点、人物、起因、经过、结果；提到议论文，就是论点、论据、论证；提到小说，就是人物、情节、环境；提到诗歌，就是韵律、意境等。也就是说，文体特点是不可忽视的要素，我们教学记叙文时一般都是先了解大体文意、扫清字词障碍，再体会文章思想，最后体会文字的精妙。但我们却不能用这套方法教学诗歌，同样不能用教诗歌的方法教学童话。也就是说，文体特点决定了教学应采用什么样的方法，采用什么样的教学策略。

三、文体特点决定了语文本身

文学性文本有较强的风格特点，语言富有个性化、特色化，尤其名家名篇更是这样。而现在的教学设计过多强调意义，忽略了文本本身，渐渐远离语文教学的初衷，渐渐远离文本想要传达的东西。例如教学朱自清的《荷花》时，教师分析课文中荷花的三种形态、实写和虚写等，完全忘记了这是一篇意境优美、文字清新的散文，把它分析过来分析过去，搞得好好的文章成了干巴巴的板书中的几个词，学生学习的兴趣早已荡然无存。何不让我们美美地读读课文，在想象中体会美好的意境，感受语言文字的魅力，感受艺术画面的魅力呢？

四、文本特点决定了课型的选择

文学性文本应该仔细研读文本，体会作者的审美情感，挖掘语言、形象，联系作者的时代背景和情感，所以像朗读欣赏课、语言品析课、讨论交流课（讨论文章的思想内容、人物形象、作品的价值观等）等课型都比较适合。实用性文本类型也比较多，记叙文、论说文、抒情文、应用文等体裁都有，因此像阅读写作指导课、读书方法指导课、比较阅读课、阅读写作实践课、朗读指导课等课型相对适合一些。还有童话和诗歌，不同文体教学需要采用不同的教学方法，这应该在平时教学实践中加以探索。当然，每个课型都不是绝对的，不同文体应灵活采用适合的方法。

文体是语文的一个重要标志，只有重视文体，依体施教，才能将语文课上出语文味。语文教学也应依托文体，文体决定了教师要教什么、怎么教。教师只有立足文体，仔细研读教材，把握文体本身，才能上出有语文味的语文课，才能真正提高学生的语文素养，才能打造有生命活力的语文课堂，才能真正实现语文课的高效性。

文体，不仅是文本呈现的品质，也是读者理解的程式。文体是读者与作者之间达成的一个有关理解方式的契约。就像著名特级教师薛法根老师所说的那样："阅读就是一种文体思维，学生学习教材文本，实质上就是学习不同文体的阅读方法，形成阅读能力。"识体而教，是一名语文教师善待文本、尊重教材的教学追求和实践姿态。

第四节　寻找教材中的生成点

课堂生成理论是由叶澜教授提出来的，目的是突破传统教学"特殊认识活动论"的框架。她在一系列有关新基础教育的论文中，对课堂生成理论做了深入阐述。1997年，她就在《让课堂焕发生命的活力》一文中指出，要"从更高的层次——生命的层次，用动态生成的观念，重新全面地认识课堂教学，构建新的课堂教学观，它所期望的实践效应就是：让课堂焕发出生命的活力"。随着新课改的提出与推进，课堂生成理论为越来越多的教师所接受。今天的小学语文课堂教学，不只是单向、封闭、静态的知识授受过程，更是教师、学生、教材多向、开放和动态的对话、交流过程。而这种多向、开放和动态的对话、交流过程，意味着更多的不确定性和生成性。生成性是新课程课堂教学的重要特征，也是新课程课堂教学区别于传统教学的重要方面。在课堂上针对教材特点，着眼生成，巧妙预设，将可以使课堂焕发生命的色彩，达到语文教学的新境界。

一、将文中的插图作为生成点巧妙预设

我们在教学过程中，切不可忽视课文插图的存在。课文中的插图大多是课文中重点的段落内容和课文中心的体现，是学生能直接通过观察理解课文中心的素材。所以，把文中的插图作为生成点，抓住教材的插图巧妙预设，引导学生观察、讨论，利用课外阅读积累的知识表达自己对课文的理解，是使课堂充满"生成"光辉的重要方法之一。在教学《轻轻地》（S版小学语文第一册第十二课）这篇课文时，让学生在理解内容的基础上朗读课文，然后引导学生观察插图，思考从哪些地方可以看出"我"和妈妈关心爸爸，要求学生用简单的语句从不同的角度（如人物的动作、神态、姿势等）说一两句话。这样，既深

化了学生对课文的理解，又锻炼了学生的观察和口头表达能力。把本篇课文插图作为学生能力的生成点，将开启一扇学生与文本对话的窗口，诱发学生多元解读与多元生成。学生身上有着巨大的潜能，他们有自己的生活经验，有自己的思考、见解，有自己的创造，"一石激起千层浪"，准确地把握该生成点，可以让课堂更加丰富和鲜活。

二、将文中的标点符号作为生成点巧妙预设

一篇精美的课文由文字和不同的标点符号组成，恰当的标点符号往往能恰如其分地表达作者的思想感情，体现作者的写作目的。所以，抓住标点符号巧妙预设，让学生产生无限的想象，可以搭建文本（作者）与学生之间的桥梁，从而生成美丽的彩虹。于永正老师在执教《秋天的怀念》一文时，就抓住了一个小小的问号，形成了一段精彩的对话。

师：再来聚焦一个很不起眼的问号（"你要是愿意，就明天？"她说），母亲是以什么样的语气说的？

生：试探。

生：商量。

师（引导、小结）：母爱是小心翼翼，母爱是平等，母爱是尊重。

生：母爱是无尽的爱！

师（总结）：母爱是博大的，是很难用语言来形容的。作家正是抓住一个个细节来描写伟大的母爱的。

当然，不是所有的标点符号都能作为课堂生成点，但敏锐的教师却能抓住每一个不可替代的机会巧妙预设，让语文课堂充满人性的光辉和智慧的神采。这就要求在教学实践中，教师应养成生成意识，增强及时捕捉、随机处理课堂新信息的能力，不怕打乱自己的教学设计，不让稍纵即逝的"灵光一闪"白白溜走，不浪费那些弥足珍贵的生成性资源。

三、将课后设计的习题作为生成点巧妙预设

在现行教材中，编者在每一课后都设计了对学生进行语言、思维训练的练习题，这些练习题大多是需要学生进行积极思考、课外查访或亲自动手翻阅资

料才可以解决的，这本身就已经形成了无比优越的生成点。所以，给学生充足的时间，让学生潜心与文本对话，做足课前的知识准备工作，充分进行多元解读、自主建构，然后到课堂中进行多元化、个性化的汇报与展示，是建设生成性课堂的重要途径。《乌鸦喝水》的课后练习是："想一想，说一说：如果没有小石子，乌鸦又会怎么办？"《树叶》的课后练习是："请你捡几片树叶，说说它们像你熟悉的哪些东西。"《小小的船》的课后练习是："夜晚出去看看月亮，课文说它像小船，你看它像什么？你看到天上还有什么？"如此等等，不一而足。

四、将仿说作为生成点巧妙预设

语文学习要关注文化、关注生活、关注人生。语文学习要有文化的内核，要有生活的外延，要参以人生的阅历和生命的体验。生成性课堂仍然要关注和落脚在学生听、说、读、写等基本能力的提高上。仿写是提高学生写作水平的有效手段之一，而仿说则是学生运用课内所学的表达方法把生活中的所见所闻表达具体的有效途径。因为它降低了学生说话的难度，让他们在说话时有了参照物，能够做到言之有序、言之有物，学生对这种说话方式兴趣极大。例如学完《家》一文后，我深情地说："课文写得多美呀！现在让我们也做回小诗人，学着课文中的样子做一句诗吧！"于是出示小黑板：

> 竹林是（　　）的家，草原是（　　）的家，
> （　　）是（　　）的家，（　　）是（　　）的家。

学生反复观察思考，说出了：

竹林是熊猫的家，草原是骏马的家，
文具盒是铅笔的家，教室是小朋友的家。
……

有的学生还能独立创编出四句连贯的诗句：

沙漠是骆驼的家，南极是企鹅的家，
森林是老虎的家，海洋是蓝鲸的家。

学生虽然是模仿，但不是人云亦云，而是在模仿中有创新。对低年级学生而言，模仿还是其学习知识、提高能力的有效途径。

五、将关键词语作为生成点巧妙预设

将关键词语作为生成点，也是我们最容易、最常用的生成性教学方式。一篇课文中的关键词语有的起到提纲挈领、点明中心的作用，有的起到承上启下的纽带作用，有的则是一条主线贯穿全文。我们可以根据它们的特点巧妙预设，进行生成性教学。例如《再见了，亲人》一文的教学中，抓住"亲人"一词，我提出这样一个问题："朝鲜人民和志愿军是不是亲人？"学生的思维顿时活跃起来，有的说朝鲜人民和志愿军之间不是亲人，他们没有血缘关系；有的说朝鲜人民和志愿军之间是亲人，他们之间的所作所为已超出了亲人的范畴。针对这种情况，我放弃了既定的教案——按部就班地讲授朝鲜人民和志愿军之间的情深谊厚，而是把学生现场分成了两方，让他们各自找论点和论据，分组讨论，派代表到教室前面辩论。学生在辩论的过程中理解了内容，达成了共识——朝鲜人民和志愿军之间"不是亲人，胜似亲人"。

"课堂应是向未知方向挺进的旅行，随时都有可能发现意外的通道和美丽的图景，而不是一切都必须遵循固定线路而没有激情的行程。"生成的课堂是学生探究悟性、思维灵性、丰满人性、学习生命动态的真实反映，是凸显学生课堂主体地位的有力例证，是"以生为本"教育理念的具体落实。没有生成的课堂是僵化的，是缺乏生命活力的，也是不可想象的。要促进生成的出现，教师就要做到相信学生、依靠学生、调动学生。学生的知识可能不如教师纵深，但其广度却比教师开阔，更重要的是他们的个性品质丰富多样，思维活跃，因而课堂的生成要充分发挥学生的主观能动性，张扬学生的个性。教师要营造宽松、民主、和谐的课堂氛围，在教学过程中留足学生自主思考的空间。教师要把课上得"粗糙"一点、"大气"一点，以便能够充分发挥学生的想象力。同时，教学方案的设计要把学生看成是一个发展着的人、一个独特的人、一个具有独立意识的人，从而为课堂生成提供认知条件。

总之，对于任何一篇课文，只要我们认真挖掘，里面一定还有许多生成点可以让学生张扬个性、体现自我。让学生把从各方面得来的知识在课堂上充分释放出来，是现在语文课堂教学需要深入研究的课题，这样的语文课一定会让全体师生身心愉悦、快乐无限。我们呼唤建设精彩的生命课堂。

第五节　建设"新理念、高效率"的语文课堂

我们常说，素质教育不是不要质量，而是要高质量。怎样才能实现高质量呢？还是要看课堂40分钟的效率和质量。学生的课业负担"减"了，教师的课堂效率"加"了，做好了这对"加减法"，素质教育才算真正得到落实。

一、教学理念要新

新课程改革从2001年2月国务院批准《基础教育课程改革纲要（试行）》开始，至今已走过许多个年头，其间人们曾走过一些弯路。但今天，"吹尽黄沙始到金"，许多新理念、新思想逐渐沉淀下来，成为人们的共识。我们必须把握这些共识，达到张口就来的程度，然后将其贯彻到教学中去，耳濡目染，日浸月润，我们的教学行为一定会得到改变和进步，效率也一定会不断提高。

1. 贯彻"学生为语文学习的主体"意识坚决不动摇

在教学过程中，教师的一切教学设计、言谈举止都要从学生的角度出发，有时候要问一下自己："如果我是学生，这个问题该怎么问？如果我是学生，这样处理我能学到东西吗？"例如，我们常常要求学生有感情地朗读课文，但这个感情不是说出来的，而是学生必须从心底产生感情，才能读出感情，这就依赖于教师巧妙的教学设计和恰当的引导。刘春青老师在教学《在金色的海滩上》时，先让学生想象贝壳的美，如它的颜色、它的样子。学生如见其物，羡慕之情油然而生，再让学生读句子，学生自然读得有感情。

2. 贯彻"对话意识"坚决不动摇

"阅读教学是学生、教师、文本之间对话的过程。"简单地说，树立对话意识应该包括：教师与文本的对话、师生之间的对话、学生与文本的对话、生生之间的对话。

首先，教师与文本的对话是基础。文本是学生学习的重要资源，也是师生共同的中介。课堂要达到有效对话，教师首先要加强与文本的对话，取得亲身体验，然后才能依据文本，与学生对话，并引导学生与文本对话。其次，师生之间的对话是重点。师生之间话题的构建要科学，对话的话题应该是"牵一发而动全身"的，是"提纲挈领"的，是能指挥"千军万马"的。要有针对性，紧扣教材的重难点；要有启发性，"一石激起千层浪"；要有挑战性，让学生"跳起来"才能"摘到桃子"；要有趣味性，使学生"欲罢不能"。兴秋老师在教学《孔子学琴》时，紧紧围绕"孔子是怎样学琴的"这个问题，举一反三，用"尽管……还……"这个关联词串起对全文的理解，孔子的形象在学生心目中完全树立起来。另外，师生之间的对话要平等，要建立和谐融洽的师生关系。第三，阅读教学的最终目的是引导学生能够独立地与文本进行对话。学生在琅琅书声中，在静思默想中，切己体察，悉心涵泳，产生独特的感受、体验与理解，越来越深入地走进语言文字描绘的境界之中，感悟字里行间蕴含的思想感情。最后，还要说说生生之间的对话，这一点我们容易忽视。生生之间的对话不管是点对点还是点对面，都应该及时、恰当，不必要的讨论交流、走过场、讲形式的花架子都应坚决砍掉。

二、理解文本要透

特级教师于永正说过，他在教学之前，总是先"翻来覆去地诵读、默读，读出自己的理解、情感，读出文章的妙处，小到一个字、一个词、一个句子，大到篇章结构、文章的立意，读出了自己的惊喜，才敢走进课堂"。因此，我们在理解文本时，一方面要把自己当作学生进行思考：在阅读时会遇到哪些困难？会有哪些感想？另一方面，要进一步考虑该怎样把自己的阅读思考转化为指导学生阅读的思路，把自己的阅读行为转化为课堂上的导读行为。如领悟作者要表达的思想感情，梳理作者的思路，把握文章的重点、难点和语言特点；

哪些地方有空白，可驰骋想象；哪些地方画龙点睛，蕴含丰富，可细细体会；哪些地方词句精炼，值得咀嚼推敲等。只有教师自己有了一番钻研和涵泳，有了一番深切的感悟和真切的感动，掌握文本中学生人文精神和语言发展的生长点在哪里，三维目标如何有效整合也就基本成竹在胸了，如此才能真正成为学生与文本对话的引导者。

三、教学过程要实

"实"就是要"实心实意、实话实说、实事求是"。语文教学要教得"实"，就要体现以下几个方面：教学目标要"实"，指的是确定的教学目标要鲜明、具体、实在；阅读过程要"实"，指的是教学中解决教学目标、完成教学任务的过程要实，要符合学生的认知规律，遵循循序渐进的原则进行教学；教学内容要"实"，指的是语言要素要落实，对字、词、句段的理解要放在具体的语境中去解决；能力训练要"实"，指的是语文听、说、读、写能力培养的落实。要知道，语文能力不是教师"讲"出来的，而是学生在教师指导下"练"出来的；教师情感要"实"，要纯真、朴实，没有丝毫的虚情假意、装模作样；教师言行要"实"，要恰如其分、恰到好处，没有半点的矫揉造作、弄虚作假。

第六节　关于活动课程化的综合性思考

学校不乏活动，活动的元素布满学校的角角落落，甚至可以说校园的空气中也充斥着活动的因子。尤其是小学阶段，诸如中队、大队委员的选举。大家所经历的，估计是大同小异。但时至今日，如何将纷繁复杂的活动进行序列化、条理化，以实现更好的育人效果，则是我们必须面对的问题，也是活动课程化的研究范畴。

一、活动课程化概述

活动课程是基于学生的直接经验，密切联系学生的自身生活和社会生活，注重对知识技能的综合运用，体现经验和生活对学生发展价值的实践性课程，突出学生的主体地位，引导学生的主动发展。活动以学生的直接经验或体验为基础，将学生的需要、动机和兴趣置于核心地位，充分发挥学生的主动性和积极性，鼓励学生自主选择活动主题，积极开展活动，引导学生主动发展。面向学生完整的生活世界，引领学生走向现实的社会生活，促进学生与生活的联系，为学生的个性发展提供开放的空间。注重学生的亲身体验和积极实践，发展创新精神和实践能力，注重学生在实践性学习活动中的感受和体验，要求学生超越单一的接受学习，亲身经历实践过程，体验实践活动，实现学习方式的多元化，发展学生的创新精神和实践能力。作为活动课程，它具有鲜明的实践性、开放性、自主性、生成性等特点，是学生转变学习方式的有效途径。通过密切学生与生活的联系、学校与社会的联系，能帮助学生获得亲身参与实践的积极体验，提高学生对自然、社会和自我之间内在联系的整体认识，发展学生的创新精神、实践能力、社会责任感以及良好个性品质等现实教育意义和价值。

二、课程化活动的要素

言说课程，必然有其必备的要素。一般而言，需要具备指导思想、课程目标、课程内容、实施建议（适用年级、学时安排、教学指导设计等）、评价建议等要素。熊文认为，将学生素质拓展的各种活动纳入各教学计划，进行有目的、有步骤的学习和指导，才能体现活动的组织性、计划性、系统性与目的性。

比如少先队大队委选举活动，有指导思想，即以贯彻落实党的教育方针为前提；有目标，即培养学生的民主意识、公民意识，培养学生的社会交往能力，培养学生积极向上的乐观心态。以公推或自荐产生候选人、竞选演说、民主投票等为内容，辅之以监督问责、任期述职，形成相对完整的课程结构和评价办法。

通过前文的过程描述，可以较为容易地导出课程目标、课程架构、课程实施与课程评价等要素。

1. 课程目标

课程目标是方向，是灵魂，是学校常规活动课程化有效开展的保证，也是评价活动成效的重要依据。每种活动都要根据其性质和特点，明确其总体目标和每个单元甚至每次活动的目标。教师要站在时代的高度，具有广阔的视野，科学地确定活动课程的目标，培养学生多方面的素质，促进学生生动活泼、全面发展。基于课程的三维目标，根据不同班级的实际情况，教师提出可观察、可测量的课程目标。其要素如下：

（1）设计活动实施方案，培养学生的合作精神和实践能力。

（2）参与活动，培养学生的公民意识和责任感。

（3）参与活动，增强学生的社会交往能力。

2. 课程架构

要素如下：

课程指导时间	教学指导内容	课时安排
活动实施方案设计指导	活动实施方案设计	
	活动实施方案论证	
活动参与方法指导	参与活动的具体方法指导	
活动的评估	成果展示、反思展望	

3. 课程实施

既然是课程，则必然有其教学指导环节。课程指导教师在活动课程基本理念的指导下，以开放的视野，俯下身来倾听学生的想法，解放学生的大脑，释放学生的口、手、脚，给予学生时间和空间，为学生搭建展示才能的舞台，指导学生以儿童特有的方式行使民主的权利，履行民主的义务。

4. 课程评价

坚持评价主体多元化、评价内容多维度、评价方法多样化的原则，提升学生的综合素质。其要素如下：

（1）评价主体：自评、互评、师评相结合。

（2）评价内容：参与活动的态度、广度、深度与能力、意识的提升情况。

（3）评价方法：过程性与终结性评价相结合；与雏鹰争章活动相结合。

三、基于学校实际的活动课程设计

1. 以泰山文化为主题的研究性活动课程

活动课程强调研究性学习、社会参与性学习、体验性学习和操作性学习等多种实践性学习。如《小学生"我研究我快乐"学习活动记录册》，在学生中广泛开展研究性学习活动。

活动目标	活动主题		活动过程	活动方式
亲近和探索自然	我帮泰山申报"世界地质公园"（自然遗产）	泰山风光		1. 听泰山、说泰山、读泰山、写泰山、画泰山、游泰山、诵泰山等。2. 收集处理信息、考察与探究、调查与访问、实验与观察、设计与制作、宣传与服务、展示与表演、总结与反思、交流与讨论、自我评价与相互评价等
		古代建筑		
		泰山石刻		
		古树名木		
		泰山特产		
体验与融入社会	泰山是"国山"吗（文化遗产）	神话传说	课题发现 ↓ 探究课题 ↓ 总结发表	
		名人轶事		
		泰山封禅		
		风俗民情		
		泰山诗词		
		今日泰山		
认识及完善自我	"舍身崖"上话"生命"（生命教育）	"舍身崖"的传说		
	"十八盘"前思人生（进取教育）	"紧十八、慢十八、不紧不慢又十八"的新解		
	条条山路通峰顶（规划人生）	"泰山西路、中路、东路"的深思		

2. 以泰山为实践基地的实践性活动课程

社区服务与社会实践是活动课程的重要领域，我们可以依托泰山，引导学生积极主动地参与社区服务和社会实践，增进学生对家乡的了解与认识，提高学生的社会实践能力。如下图：

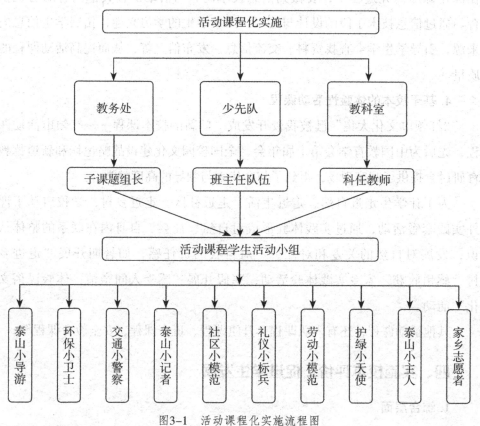

图3-1　活动课程化实施流程图

3. 整合性活动课程

活动课程的课程价值是要通过各个活动领域的实施才能得以实现的。尽管研究性学习、社区服务与社会实践、劳动技术教育、信息技术教育等各有侧重点和独特的价值，但作为活动课程的有机部分，它们有着共同的性质和价值追求。在进行活动课程内容的组织时，鼓励开发不同维度、不同领域之间交叉、整合的课程内容。如清明节前夕举行的"祭奠先烈，弘扬传统"活动课程中，首先通过研究性学习让学生测量气温、湿度，科学认识清明时节自然界的变化，了解清明节的来历和家乡的祭祖风俗；其次让学生通过社区访问、调查，搜集并讲述身边革命烈士的故事；课上让学生自制小白花，培养劳动技能；最后举行祭扫烈士墓活动，寄托对先烈的哀思。

信息技术既是活动课程的重要领域，也是活动课程有效实施的重要手段，在深化课题研究过程中，要做到信息技术内容与活动课程其他内容的有机整合。通过信息技术手段的设计与运用，激发学生的学习兴趣，拓展学生信息的来源，引导学生学会查找资料、交流信息、发布信息等，从而提高活动课程的质量。

4. 基于校本的体验性活动课程

"红领巾文化大集"已被我校开发成一门新的校本课程——红领巾活动课程，先后为中国教育学会第十届年会、全国校园文化建设战略论坛和新道德教育研讨会提供了观摩现场，得到了与会代表与领导的高度赞赏。

为了让学生走近自然、走近生活、走近社区、走近乡村，学校启动了课外实践套餐活动，通过实践体验形成对自然、社会、自身内在联系的整体认识，发展对自然的关爱和对社会、对自我的责任感，如暑期开展"走进乡村，感悟收获"家乡实践体验活动，寒假开展"感受人间亲情，体验民俗文化"活动。

其他活动课程，还有入队课程、升旗课程、班会课程、安全教育课程等。

四、实施校本评价，促进学生发展

1. 综合层面

用多元化与多样化的方式评价学生的各种能力，是活动课程倡导的评价理念。为了更好地指导课程实施，激励学生主动实践，继续实施"十、百、千"工程。"十"即十类表彰项目：家长小助手、研究小学士、劳动小能手、艺术小明星、体育小健将、环保小卫士、实践小标兵、文明小公民等；"百"即每项称号表彰一百名优秀学生；"千"即全校每学期表彰一千名优秀学生。表彰涵盖了德、智、体、美、劳各个方面，促进了学生的全面发展。

2. 课程层面

借鉴我们成熟的思维碰撞教学改革，以思维差异为资源，以多维对话为形式，以交互反馈为支撑，培养学生独立思考和批判反思的能力，让学生成为"有思想的人"。

社会实践能力与个性思维能力是相辅相成的，联合国教科文组织提出的"学会求知、学会做事、学会共处、学会做人"是互相联系、互相渗透、不可分割的一个整体。不仅如此，四个学会之间也有层次性。其中，学会求知是基础层面，学会求知即学习能力，学习能力的核心是思维能力。活动课程应将两者进行有机统一，方法是围绕课程目标，科学设计和组织学习活动，在问题解决中实现知识学习、思维提升，在活动过程中提高社会交际与实践能力。

【案例】

怎样将语言文字训练落地

——我教《语言的魅力》

《语言的魅力》讲述了一位盲人在街头行乞，身边立着一块牌子，上面写着"我什么也看不见"，但是没有人帮助他。后来，法国诗人让·彼浩勒在牌子上添加了"春天到了，可是"几个字，结果一切发生了改变，人们纷纷解囊相助。从故事中，人们可以体会到语言的魅力和情感的力量。本课教学重点为感受"春天到了，可是我什么也看不见"这句话所产生的巨大作用，感悟其打动人心的原因，这也正是本课的教学难点。

2011版《语文课程标准》指出："语文课程应致力于学生语文素养的形成与发展。"因此，我紧紧围绕教学目标，加强语言文字训练，通过小组合作学习，充分进行思维碰撞，注重适时引导、互动交流，努力开发教学资源，从而实现教学目标。学生采用读、议、品、看、听、思的学习方法，读文悟句，合作探究，大胆想象，联系应用，真正成为学习的主人。

在学生已经了解了文章主要内容的基础上，我这样引导："盲人上午的木牌上写着什么？（板书：我什么也看不见）下午的木牌上变成了什么？（此时板书：春天到了，可是）诗人仅仅在木牌上增加了几个字，对于行人、对于这位盲人引起了怎样的变化？"引导学生边读边画，做标注，反复朗读，重点抓住老人的神情、动作、语言，揣摩人物心理，体会"春天到了，可是"几个字引起的前后变化。

这一环节是教学重点、难点所在。为了让学生有更深刻的体会，我分四步进行情境创设。

第一步，想象。春天是个美好的季节，让我们在优美的音乐里闭上眼睛，尽情地想象这美好的春光！让学生先想，初步感受。

第二步，欣赏。这美丽迷人的景色，这优美动听的音乐，此时此刻，你想说些什么？学生仿佛走进了仙境，对春天的赞美之情溢于言表。

第三步，对比。此时，话锋一转，春天多美啊！显示两个大字"可是"，音乐换为哀婉的《江河水》。抓住"可是"这个词语，切入文本。

刚才还是满眼的春光，转眼间竟是一片漆黑，这强烈对比的画面，还有那滴血带泪的音乐，撞击着学生的心灵，使学生的情感和文中的情感产生共鸣。此时无声胜有声，学生的情感世界已是"翻江倒海"，已是"惊涛拍岸"，此时学生对"春天到了，可是我什么也看不见"这句话有了更深的感受。

第四步，朗读，感悟语言文字"我什么也看不见"。老人看不见什么？在这里，我试图创造性地使用教材，一是抓住"人们"来挖掘，人们指的是谁？学生理解到哪里就读到哪里，进行换词读文。二是抓住一个小小的问号，把反问句变成陈述句，再把陈述句变回反问句，化句式练习于无形之中，学生读到位了，自然理解就到位了。三是改造教材，把平白的文字改为师生对话，教师读提示语"春天到了，可是我什么也看不见"，学生读文中的反问句。三次引读，如长江大浪，一波未平，一波又起，感情一次比一次强烈，进而达到感情的高潮。学生对"春天到了，可是我什么也看不见"这句话的魅力、感染力也做到了深刻理解，教学重点、难点一举突破。

第四章

实 践

爬泰山时，你遇见过挑山工吗？

小时候我自己读《挑山工》，现在作为教师的我教学生读《挑山工》。作家冯骥才描绘的挑山工们艰辛的劳作和惊人的毅力打动了我，他们坚韧不拔的攀登精神影响了我。我也不止一次地爬过泰山，从一天门到玉皇顶6600级台阶，有人走得快，有人走得慢，是不是走得快的就能先到山顶？不，是坚持不懈的会先到达。一路上，要不畏险阻，更要克服自己的惰性。作为一名教师，同样如此，在教育教学的攀登之路上，我很多时候是独自前行，能不能不断给自己树立目标，不断超越前面的攀登者，很可能决定了自己能不能成为一名出色的语文教师。

教育是一棵树发现另一棵树，是一朵云影响另一朵云。教育，是一场场美丽的遇见……

教案一　《小英雄雨来》教学设计

【教材简析】

这篇课文选自作家管桦的小说《小英雄雨来》。管桦说，雨来的形象绝不是作家凭空想象出来的，雨来是抗日战争年代里冀东少年儿童的一个缩影，这其中也包括管桦本人。中华人民共和国成立之初，小说《小英雄雨来》被选入全国语文课本。从此，小英雄雨来便成为一个时代全国少年儿童心目中的英雄。

【成果指标】

1. 默读课文，了解雨来被称为"小英雄"的原因。
2. 能用列小标题的方式把握课文的主要内容。
3. 能联系全文，体会还乡河景色描写的作用。

【教学过程】

（一）初读课文，整体感知

师：同学们，今天我们学习第六单元的第一篇课文《小英雄雨来》。本单元的课文都是小说体裁。什么是小说呢？（出示课件1、课件2）

师：课前我们已经预习了课文，下面我们分小组检查以下词语的认读情况。（出示课件3）这些词语有什么特点呢？（生活化的词语更有新鲜感）

师：请大家快速默读课文，想想每个部分分别写了什么内容。仿照课后练习2，照样子列出小标题。

师：这位同学使用自己的语言总结概括了每一部分的小标题，还有别的办法吗？（用原文的语言）（小标题和总结段意有区别）

师：大家看，这就是小说的情节，小说的情节既是连续的，也有波澜有起伏，这样才能更加吸引读者去阅读。请同学们根据每部分的内容说说整篇课文的主要内容。

（二）研读文本，感受小英雄的形象

师：读了课文，为什么说雨来是个小英雄？请同学们再次默读课文，找出相关的内容来证明。先在小组内说一说，再向全班汇报。

小组一：人物的动作。

小组二：人物的语言。

小组三：人物的神态、外貌等。

师：我们重点看第四部分（出示课件），鬼子对雨来使用了哪些卑鄙手段？

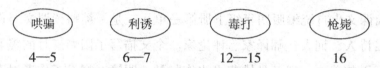

师：雨来又是怎样应对的？（面对敌人的哄骗，雨来什么也没有说。面对敌人的利诱，雨来没有接他的糖，也没有回答他。面对敌人的毒打，雨来还是咬着牙，说："没看见！"面对敌人说枪毙，雨来一头扎到河里去了。通过细致的语言、动作和神态描写，有力地表现了雨来毫不畏惧、宁死不屈的英雄形象）

师：为什么雨来能在鬼子面前表现得这样勇敢坚强？（我们是中国人，我们爱自己的祖国）（出示课件）

（三）学习环境描写，体会表达作用

师：从课题"小英雄雨来"可以看出小说是写人的，但是文章中却多次描写了环境。请你找一找。（出示课件）一切景语皆情语。环境描写在小说中占有重要地位。小说有三要素：人物、情节、环境。小说是以刻画人物形象为中心，通过完整的故事情节和环境描写来反映社会生活的文学体裁，每一次写景都是为了达到借景抒情的目的，是对人物的渲染或者衬托。

（四）课外拓展阅读

师：课后，请同学们继续阅读管桦的小说《小英雄雨来》，进一步体会小说的特点。

教案二 《三月桃花水》教学设计

【教材简析】

这篇课文出自统编版四年级下册第一单元，是一篇略读课文。作者刘湛秋是著名诗人、词人、翻译家、评论家。全文描写了阳春三月的美丽景色，赞美了春天的美丽，把三月桃花水比作竖琴、明镜，抒发了作者对春天和大自然的热爱，语言优美，引人入胜。

【成果指标】

1.能够正确认读生字新词，最好能把这篇课文熟读成诵。

2.通过本课的学习，感受作者对三月桃花水的喜爱与赞美。

3.练习通过抓住关键词句理解课文思想感情的方法。

【教学过程】

（一）导入新课，出示目标

师：春水，滋润了大地，催生了万物。春天，是一个美丽的季节，到处都充满了生机，到处是欣欣向荣的景象。今天，我们要学的这篇课文就是描写美妙春景的，下面让我们一起感受美丽的《三月桃花水》吧！

师：这是一篇略读课文，主要靠同学们自己提出问题、解决问题，作者是著名作家刘湛秋。（刘湛秋，1935年出生，安徽芜湖人。1957年开始发表作品。著有诗集《生命的欢乐》《无题抒情诗》《人·爱情·风景》、散文诗集《遥远的吉他》、论文集《抒情诗的旋律》等）

师：刘湛秋的散文有一种田园美，被海内外文坛誉为"现代山林文学的代表"。他的文字自然、亲切、优美，一事一物、一草一木、一色一声，都能轻松道来，吸引着你，让我们跟着他的行文边走边看！

（二）检查预习

师：课前同学们已经根据"预习单"预习了课文（出示"预习单"图片）。下面，请同学们用自己喜欢的方式认识生字词语，扫除字词障碍。（出示词语：铃铛、绮丽、回旋、应和、纤细、沉醉、草如茵、柳如眉）

师：这篇课文描写的三月桃花水，它给你们留下了什么样的印象？（三月桃花水是美丽、迷人、令人陶醉的）

师：是呀，我们应该用欢喜的心情去读课文，请同学们再读一遍！

（三）再读课文，品味语言

师：同学们，通过前面对《乡下人家》《天窗》的学习，我们知道，本单元的重点训练项目是抓住关键语句，体会课文表达的思想感情。作者刘湛秋在本课中也给我们描绘了一幅美丽的《春水图》，它美在哪里？你最喜欢哪些语句？再次默读课文，请你动动笔，用波浪线画出来，想一想：这一段文字里有几句话？是什么句式？运用了什么修辞手法？能不能把它背下来呢？相信你经过自己的思考和品味，一定会更加喜欢这篇文章，更加喜欢这幅《春水图》！

啊！河流醒来了！三月的桃花水，舞动着绮丽的朝霞，向前流啊。有一千朵桃花，点点洒上了河面，有一万个小酒窝，在水中回旋。

师："啊！河流醒来了！"——一个语气词"啊"，表现了作者乍见春水的兴奋之情；一个"醒"字把被束缚了一个冬天的河水重获新生的喜悦写活了。（拟人方法）

师：流动的水在舞动朝霞，水中的浪花、旋涡在作者笔下成了"朝霞""酒窝"。

师：三月桃花水是春天的竖琴。它弹奏出了哪些不同的音乐？这些不同的音乐与乡村生活有什么关系？三月桃花水是春天的明镜。为什么是明镜？它照出了什么美景？

师：假如你就是三月桃花水，你就是春天的明镜，请大家展开想象的翅膀，想一想你还会看见什么。

师：也许你还会看见忙碌的蝴蝶，也许你还会看见闲荡湖中的小舟，也许你还会看见悠闲的小金鱼，还会看见那悄悄绽放的油菜花。请你用"它看见……"仿写一到两个句子。

（四）总结与拓展

师：一切景语皆情语。作者写三月桃花水时，心情是愉悦的、欢快的，抒发了热爱大自然、热爱春天的感情，这也是作者的向往和期望。只有有了这份热爱之情，作者才能写出如此美的文章。

师：下面，老师再推荐大家读一读刘湛秋的另外两篇文章《雨的四季》和《春天吹着口哨》，注意把你认为优美的语句摘抄下来，甚至背诵下来。

教案三 《我的乐园》教学设计

【教材简析】

本设计为统编版四年级下册第一单元的习作教学，旨在让学生做到读写结合，从阅读中学会习作方法，在习作中运用阅读教学中学到的方法，做到读中有写，写中有读。

【教学过程】

师：今天我们进入第一单元的习作训练。写好一篇作文，要审好题、选好材，要学会列提纲，掌握必要的写作方法，还要反复修改。我们将按这个步骤一步步完成本次练习。

（一）审题——明要求

师：我们先来明确本次习作训练的要求："我们的生活充满了欢乐，你的乐园在哪儿呢？你的乐园是什么样子的？在那儿你最爱干什么？这个乐园给你带来了怎样的欢乐？让我们把自己的乐园介绍给同学吧。"从以上的要求中，你能审出作文的几个要求呢？

1. 主题：写你生活中的一个乐园。

2. 内容：写清这个乐园在哪里，是什么样子的，你在那里最爱干什么。

3. 重点：具体介绍这个乐园给你带来了怎样的欢乐。

师：联系本单元的课文，结合本次作文要求，我们要明确，写的时候要按照一定的顺序，抓住重点，有详有略，突出这个地方给你带来的无穷的欢乐。而乐园的场景描写（是什么样子的）和自己的独特感受将是本次习作的

127

重点和亮点所在，抓住这两个重点，才能写好本篇作文。

（二）选材——定基调

师：选材，就是要解决上面审题中的第一个问题——我们要写哪里。选择的地点一定要是我们熟悉而且感受深刻的，否则就会事倍功半。选材一定要打开思路，城市有城市的特点，乡村有乡村的特色。

师：无论哪里，都有我们喜欢的乐园，室内的如书房、教室、图书馆、满是玩具的房间、班级图书角等；室外的如村头小河边的草地、爷爷的菜园、学校篮球场，以及自己家旁边的公园、花园、游乐场等。哪里有成长，哪里就有笑声；哪里有笑声，哪里就是我们的乐园！

确定了地点，就要思考两方面的内容：那里是什么样子的？我在那里爱做什么事？而"乐"字就蕴含在这两个方面之中。在其中爱做的事，也一定要选择能体现自己"快乐而成长"的事件，不能选择枯燥无味或者缺少成长意义的。

（三）提纲——拓思路

师：同学们，明确了习作要求，确定了选材，就可以拟定习作提纲了。提纲可以让我们理清思路，是一种良好的习作习惯和思考习惯。提纲的形式和表现不一而足，只要能够指导自己写作、有利于提高表达能力的都是可以的。以下是两个范例：

1. 表格式。

在哪里	有什么	做什么事	感受
村头小河边的草地	草地上有绿草、野花、昆虫、鹅群……	放风筝、看天空变化的晚霞……	在大自然中自由玩耍，真快乐
……	……	……	……

师：你还想写哪里？可以用上面表格的形式列举出来。

2. 思维导图。

师：这也是我们最常用的提纲方式，有了提纲，就可以让我们的习作思路更加清晰。

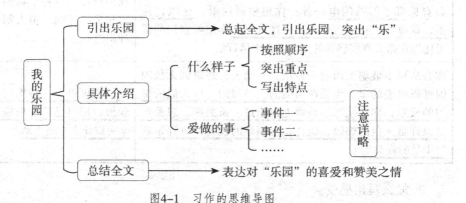

图4-1　习作的思维导图

（四）课文——学方法

师：有了提纲，只是知道了自己要"写什么""怎么写"，但"怎么写好"却是更重要的一个问题。实际上，每一单元的课文，无不在指导我们写好作文，是我们习作的"好老师"。

1. 怎么写好一个地方。（场景）

场景描写	关键语句	方法借鉴
重点描写一个场景	当花儿落了的时候，藤上便结出了青的、红的瓜，它们一个个挂在房前，衬着那长长的藤，绿绿的叶。青、红的瓜，碧绿的藤和叶，构成了一道别有风趣的装饰，比那高楼门前蹲着一对石狮子或是竖着两根大旗杆，可爱多了	1.细致的观察是写好场景的前提，只有观察细致，才能体现细腻感受 2.观察不仅是看，还有触、听、感等，要调动各种感官
描写多个场景	有些人家，还在门前的场地上种几株花，芍药，凤仙，鸡冠花，大丽菊，它们依着时令，顺序开放，朴素中带着几分华丽，显出一派独特的农家风光。还有些人家，在屋后种几十枝竹，绿的叶，青的竿，投下一片浓浓的绿荫	

2.怎么写出想象。

关键语句	方法借鉴
从那小小的玻璃，你会看见雨脚在那里卜落卜落跳，你会看见带子似的闪电一瞥；你想象到这雨，<u>这风，这雷，这电，怎样猛厉地扫荡了这世界</u>，你想象它们的威力比你在露天真实感到的要大这么十倍百倍	我们可以对一种事物展开丰富想象，比喻、拟人都是一种想象
你会从那小玻璃上面的一粒星，一朵云，想象到无数闪闪烁烁可爱的星，<u>无数像山似的、马似的、巨人似的奇幻的云彩</u>；你会从那小玻璃上面掠过一条黑影，想象到<u>这也许是灰色的蝙蝠，也许是会唱歌的夜莺，也许是霸气十足的猫头鹰</u>	<u>我们也可以由一种事物展开联想，把自己的想象描写出来可以让文章更生动</u>

3.怎么写出感受。

抒发感受的方式	关键语句	方法借鉴
直接抒发	乡下人家，不论什么时候，不论什么季节，都有一道独特、迷人的风景	直接抒发就是直接表达感受，可以在文章开头、结尾，也可以穿插在文中
情景交融	呵，地上草如烟，两岸柳如眉，三月桃花水，叫人多沉醉	一切景语皆情语。情景交融就是在真切的叙述、描写中融入自己的强烈感受

（五）习作练习与修改

师：同学们，学到这里，你对自己的作文心中有数了吗？请拿出稿纸，开始自己的创作之旅吧！"好文章是修改出来的"，写完了一定要大声读给家长听一听，虚心接受别人的意见，结合自己的思考和习作要求，进行充分的修改，相信你们一定会越改越好的！

（六）拓展资源

1.新鲜的词语。

绿绿的浓荫、鲜嫩的笋、向晚的微风、奇幻的云彩、绮丽的朝霞、柔柔的微光。

姿态奇特、长廊曲折、花木扶疏、姹紫嫣红、波光粼粼、摇曳风姿、凉风习习。

清冽的水流、圆盘式的荷叶、祥和的氛围、不绝的韵律、威严的气势。

2. 精彩的语句。

庙会上，人山人海，叫卖声、叽叽喳喳的说话声……可真热闹。五花八门的东西让我看不过来。先说那卖吃的：香甜的巧克力惹人喜爱，酸甜的糖葫芦让人馋掉牙……再说那卖玩具的：各种各样的大气球，五颜六色的毛绒玩具，五花八门的小面人，还有红色的纸灯笼呢！

到了那儿，人太多了，真是人山人海呀！熙熙攘攘的人群中随处可以听见人们的欢笑声和优美动听的音乐，好不热闹！有的是日常生活用品店，有的是服装店，有的是玩具店……店里摆放着各种各样的商品，琳琅满目，并且都是超值大优惠。

森林里静得连扇动翅膀的"嗡嗡"声都听得清清楚楚。

漆黑的夜晚，除了闹钟的嘀嗒声和树枝的摇摆声，周围一片寂静。

黑色笼罩了一切房屋，月色朦胧，树影婆娑，风儿轻轻，吹拂着群星那晶亮的脸庞。

教案四　《在天晴了的时候》教学设计

【成果指标】

1. 能正确、流利、有感情地朗读、背诵诗歌。

2. 运用已掌握的识字方法自主识字，会认"炫、垢"等7个生字及其新词，联系上下文理解词语。

3. 通过学习课文，使学生热爱生活、热爱大自然，学会由读到写，学习描写一种景物。

【教学重点与难点】

通过有感情地朗读，逐层次理解重点字词、关键句子，体会诗歌所包含的思想感情。

【教学过程】

（一）导入新课

师：雨过天晴，空气清新，正是我们出去走走的好时候，你有这样的经历吗？向大家介绍一下吧。

师：下面，我们学习中国现代著名诗人戴望舒的诗歌——《在天晴了的时候》。（读课题）

（二）初读课文

1. 自读课文，要求读准字音，读通句子，画出生词和不理解的词、句。

2. 检查自读情况。

（1）出示生词，朗读，识记。要求读准字音，记清字形。

润过、凉爽、温柔、炫耀、尘垢、胆怯、绽透、饰彩、曝着阳光、涉过赤脚、涉过、圆晕

（2）提出不理解的生字、词，并标上记号。

（3）指名朗读，纠正。

3. 指名读，想一想，诗歌写了什么内容呢。（雨过天晴的时候，风景很美，告诉大家可以到大自然中去走走）

（三）品词析句，欣赏美景

师：轻轻读一读全诗，想想诗中描写了哪些雨过天晴的景物？把这些景物圈起来。（教师板书）

预设：小路、小草、小白菊、凤蝶儿……

师：雨过天晴，一切都是新的，小路、小草、小白菊，还有凤蝶儿，这些都是多么美好的景物啊！请默读诗歌，想一想：你最喜欢哪一样景物？为什么？可以写一写自己的感受。

（1）默读，写感受。

（2）同桌交流。

（3）课堂交流。

小路：凉爽又温柔。

师：走在这样凉爽而又温柔的小路上，呼吸着野外的新鲜空气，同学们，你想说些什么呢？

指导朗读。

小草：新绿。

师：小草已没有了往日的尘垢，这时候看起来是这样的生机勃勃。听一听，小草在说些什么呢？

指导朗读。

小白菊：不再胆怯，试试寒，试试暖，一瓣瓣地绽透。

理解"绽透"。（展示图片）

指导朗读。

凤蝶儿：自在闲游。（展示图片）

指导朗读。

小练笔：

抖去水珠的凤蝶儿，

在木叶间自在闲游。

瞧，

有的落在娇艳的花朵上，

在和花儿说着悄悄话呢；

有的_____，

_____；

有的_____，

_____；

再读诗歌的第一自然段。

师：雨过天晴，一切都是新的，除了小路、小草、小白菊、凤蝶儿这些景物，你觉得还会有什么呢？（小蚂蚱、小蚂蚁、小花、小鸟、蝴蝶……）你也学着诗歌的样子，来当一回小诗人吧。

勤劳可爱的小蚂蚁，

在泥路上来回穿梭，

亲昵地拥抱着，

快乐地问候着；

_____，

_____，

_____，

_____。

（四）学习第二自然段

师：同学们，你们的想象丰富极了，你们用最纯真的心灵写着属于自己的诗歌。在天晴了的时候，让我们一起到小径中去走走吧。让我们一起读一读第二自然段。（齐读）

（五）小结

师：这节课，我们随着诗人戴望舒欣赏了大自然，也用自己的想象让大自然更加丰富起来。这个周末，你想去哪里呢？我们也来写一首《在天晴了时候》，然后在周末怀着快乐心情出发吧！

教案五 《白鹅》教学设计片段

【设计理念】

鉴于对"披文得意""缘意学文"的思考，我们坚持小学语文教学工具性和人文性相结合的教学理念，以求真、求实、倡简为目标，在听、说、读、写的语言文字训练过程中培养学生的语文能力，努力实现语文与生活的联系，在师生互动、生生互动的对话中全面提高学生的语文素养，使学生开开心心学语文、扎扎实实学语言、实实在在用语文。

【教学过程】

片段一：初读课文，感知"高傲"

1. 出示生字、生词，让学生认读。

师：同学们都预习了课文，看看大屏上的这些词语你会读吗？

郑重、看守、叫嚣、奢侈、窥伺、供养、姿态、高傲、吃相、音调、呵斥、必然、狂吠、步调、局促、大模大样、京剧、一丝不苟、譬如、从容不迫、侍候、饭馆、附近、敏捷、偶然

师：谁愿意来读读课文？（指名读）

师：其他同学认真听，他们把字音读准了没有，同时思考：这篇课文里的白鹅给你留下了怎样的印象？

2. 初步感知课文中心句："好一个高傲的动物！"

师：谁来谈一谈白鹅给你留下了什么印象？

这是一只（　　　）的白鹅。

师：是啊，有的同学和丰子恺爷爷在课文中对白鹅的感受是一样的，认为它是高傲的。大家找到这句话了吗？一起读。看看这句话中的关键词是什么。（板书：高傲。出示：好一个高傲的动物）

师：想一想，高傲一般是用来形容谁的？什么样的人是高傲的呢？

师：作者在这里用了什么手法？

生：拟人的手法。

师：谁来读读这句话？

3.出示书本插图，感受鹅的高傲。

师：这真是一个特别高傲的动物，再来看看这只高傲的白鹅，它是一副什么姿态？课文是怎么描写的？（板书：姿态，伸长了头颈，左顾右盼）

师：请大家做一个左顾右盼的动作。

师：那么在以后的相处中，丰子恺爷爷发现，它的高傲还表现在哪些地方呢？（板书：叫声、步态、吃相）

师：你是从哪个自然段了解到的？它在文章中起什么作用呢？

生：第二自然段。过渡的作用。

师：让我们一起来读这一段，读时有个关键字需要强调，那就是——更。

片段二：再读课文，细品"高傲"

师：同学们都认为这是一只高傲的白鹅，下面请同学们再读课文，细细品味表现白鹅高傲的这三个方面。

1.学生学习2～7自然段。出示读书要求：

（1）画一画，画出表现白鹅高傲的词句。

（2）读一读，有滋有味地读好画出的句子。

（3）品一品，小组同学交流学习的感受。

2.学生汇报。

（1）白鹅的叫声。

师：你听到了什么声音？（放白鹅的叫声）

师：丰子恺爷爷又是怎样描写白鹅的叫声的呢？

反馈交流：

①抓住重点词：厉声叫嚣。

师：为什么这个词语能表现白鹅的高傲？

生："叫嚣"一词体现出鹅的威严、凶狠。

师：厉声叫嚣是什么意思？

生：厉声叫嚣是盛气凌人、气焰很盛的样子。

师：那么说话严厉、大声斥责本应是人的动作，这里用了什么表现手法？（拟人）把白鹅当人，他会怎样训斥别人呢？

生：不要过来，这是我的地盘，我不认识你！

师：谁来读读这句话？厉声呵斥时的态度也是很凶的，让我们一起用凶恶、生气的语气读一读这句话。

②抓住重点词：引吭大叫。

师：同学们能想象出鹅是怎样引吭大叫的吗？

生：张开翅膀，用嘴去攻击别人，还大声叫。

师：这些词表面看是写鹅叫声很凶、很高傲，实际上是这样吗？（是）

师：谁能模拟鹅的叫声来赶人？

生：此路是我家的，不许从此路过！

师：从你们丰富的想象和表演中，我不仅感受到了鹅的高傲，也看到了它的尽职尽责，难怪主人丰子恺先生赞叹道：好一个高傲的动物。

③抓住重点词：厉声叫骂。

师：谁来读一读这句话，看看你想强调什么。

生：我想强调"厉声"这个词。

生：我想强调"叫骂"这个词。

师：读了这个词，你有什么感受？（白鹅很有威严）那么你说一说白鹅在怎样厉声叫骂呢？

生：它好像在骂："滚开，可恶的家伙！"

师：这时候白鹅说话的语气是怎样的？谁能用很凶的语气来读读这句话？（板书：厉声叫骂）

④ 小结。

师：同学们在这段学习中展开了想象，理解了词语的意思，还体会到了作者观察仔细，用词准确，把鹅的叫声特点写得十分具体生动。对于这种方法，在今后的学习中大家还可以多多尝试。

（2）白鹅的步态。

师：老师从同学们的朗读中体会到了白鹅的高傲，它的高傲不但能从叫声中看出来，还体现在哪里？哪一小组愿意汇报第四自然段的学习？先把这一段读一读。

出示句子："鹅的步调从容，大模大样，颇像京剧里的净角出场。"（出示京剧净角出场的视频）

师：同学们请看句子。在这个句子中，作者用了什么方法写出了鹅步态的特点？

生：比喻句。

师：我们把鹅走路的姿态跟鸭子比较过，也看过净角出场的样子，谁可以为我们表演一下鹅的步态呢？（指名表演）

师：你看作者用词多准确，使鹅的每个姿态都跃然纸上，现在我们再来读一读第四自然段，感受一下作者用词的准确。

师：鹅这样走路有趣吗？大模大样的像个大老爷，读后我们不禁为它的有趣而感到发笑，让我们带着这种感觉，把这样走路的鹅带到眼前，齐读本段。

（3）白鹅的吃相。

师：刚才我们共同体会了白鹅高傲的叫声和步态，其实最有趣的是白鹅的吃相。我们来读一读，看看这位鹅老爷是怎么吃饭的，它的有趣到底表现在什么地方。

生：先吃一口冷饭，再喝一口水，然后再到别处去吃一口泥和草。

师：对于这种吃饭的方法，作者用了一个词语——三眼一板。三眼一板也叫一板三眼，就像我们音乐课上的节拍，原指京剧里的一种板式。

师：鹅的这种三眼一板、一丝不苟的吃法还引发了一件引人发笑的趣事呢！到底是什么事情引人发笑呢？谁来读这一段？

师：有趣吗？听了同学读这一段，你觉得这狗像什么呢？

生：像一个小偷。

师：鹅去狗来，鹅来狗去，这一去一来，给我们带来了多少欢笑。同学们，你们看作者的观察是多么细致啊，也正是这细致的观察让我们感受到了其中的乐趣。

师：饭老是被偷吃，主人家也感到不耐烦了，不得不在旁边侍候着鹅老爷，你看它的架子可真大。大家一起来读一读最后一段。

师：此时，你想对这只白鹅说什么呢？

生：你真是一只难侍候的鹅老爷！

师：如果你是一只白鹅，你愿意把自己当成什么样的白鹅向别人介绍呢？尽情发挥你的想象，学习作者幽默的表达方法，把你笔下的白鹅说得更让人喜欢。

自我介绍：

姓名：白鹅。

性格特点：_____。

我是一只_____的白鹅。_____。

片段三：总结全文，升华"高傲"

师：作者因为白鹅的勇敢、有趣和可爱而对这高傲的动物产生了喜爱之情，先总的概括了白鹅的高傲，又分别从白鹅的叫声、步态和吃相三方面来介绍。这种先总后分的写作思路非常清晰。还有，对自己喜欢的一样事物，不一定要口头上说喜欢。课文中，作者没有说过一句喜欢，但字里行间却处处体现了他对白鹅的喜爱之情。希望同学们在以后的作文中也能学习这种写作方法。

教案六 《司马光》教学设计

【成果指标】

1. 能认识"司、跌"等5个生字，会写"司、庭"等7个生字，正确、流利、有感情地朗读课文、背诵课文。

2. 能结合注释，联系上下文，理解句子的意思，理解课文内容，初步感受文言文简约的特点。

3. 拓展阅读小古文，感受文言文言约意丰的特点。

【教学重点】

参考注释，抓住重点词句，理解句子的意思。

【教学过程】

课前：

诵读《大学》，可以男女生对读，形式自定。

上课：

(一)导入新课，板书课题

师：今天，老师带领同学们去认识一位古代的小朋友，他的名字叫——司马光（板书课题。指导"司"的写法，在学业纸上练习两个，老师接着写后两个字——马光），齐读课题。

师：对司马光这个人物，大家有什么了解？（自主交流，及时表扬。内容包括讲一讲司马光砸缸的故事，唱一唱儿歌，讲一讲人物背景等，如果有

动画，可以留着需要时使用）

师：老师也找了一些关于司马光的材料，请大家看。

（1）司马光，字君实，陕州夏县人(今山西省夏县)。他的父亲司马池，曾任天章阁待制。

（2）司马光七岁的时候，就像小大人一样，稳重懂事。听别人讲《左氏春秋》，他特别喜爱，回家后将所听到的讲给家人，竟能说出其中的含义。从那以后，他整天手不释卷，认真阅读，甚至忘记了饥渴、冷热。

（3）司马光后来成为北宋著名的政治家、史学家、文学家，历时十九年主持编纂了中国第一部编年体通史《资治通鉴》。

（二）初识文言文，检查预习

师：前面大家都预习了课文，你们发现了吗，本文和我们以前学的课文有什么不同？

师：本文是我们小学阶段接触的第一篇文言文。文言文是用古人语言写成的文章，由于距离我们比较久远，读起来和理解起来都比较难。一旦我们读进去、读好了，就会发现它具有非同一般的美。

师：下面，请大家在小组内检查生字认读和课文朗读情况，等一会儿汇报检查情况。

（三）读好例文，掌握方法

指名读课文，及时纠正。

师：读得不错！李老师告诉大家，学习文言文的第一把钥匙，就是读准字音。（板书：读准字音）大家要注意里面的一个多音字"没"。

男生读、女生读、齐读。

师：光读准字音还不够，还得读出节奏来，在该停顿的地方稍稍停一会儿。李老师今天也给大家带来了一套魔法小棒，以帮助大家找到该停顿的地方。同学们先自由练读几遍。（板书：一读：读出节奏。PPT出示课文和停顿"魔法棒"）

学生练读，之后一名学生展示读。

师：读停顿的时候，注意不要把字音完全停住，要做到声断气连。李老师有两个读好古文的绝招："一是嘴角微微上扬，音调稍微低一些，读的稍微慢一些；二是最后一句拖长一些。"大家想不想听老师读？大家认真听——（师范读；随后指生读，其他学生评价、纠正；再齐读）

师：同学们，文言是我们祖先写文章和口头交流的语言，是我们中华民族五千年文化的根，我们越读越会发现其抑扬顿挫，就像一首歌、一幅画。读出节奏，是我们学好古文的第二把钥匙！（板贴：二读：读出节奏）

师：课文我们读了很多遍了，你懂得了什么？还有什么不懂的地方？能不能借助注释和插图，用自己的话讲一讲这个故事？（小组合作，讲故事）

小组展示。（此环节教给学生自主完成：读懂了什么？有什么疑问？有什么补充？讲讲这个故事）

教师点评一：我们在学习古文的时候，注释和插图都特别重要，是我们学习的小帮手。

教师点评二：缸与瓮的区别，能不能改成"缸"？

教师点评三：活字活用："皆"——大家都去做操可以说成……同学们都考了一百，可以说成……我和爸爸妈妈全生病了，可以这样说……古人为了文字简洁，往往只说名字的一个字，举学生的名字做例子，再合起来举例"龙与亮皆病"等，活跃课堂气氛。

师（讲故事后）：看来大家都理解了这篇文章，从大家的故事中，从文章中，你能看到一个怎样的司马光？为什么？（随机板书：聪明机智、舍己救人、勇敢等）

师：让我们带着理解再读文章，试着把文章背诵下来。这是我们学习文言文的第三把钥匙——熟读成诵。（板贴：三读：熟读成诵）

背诵环节一：填空。

背诵环节二：动作（摇头晃脑）。

（四）小结特点，拓展阅读

师：同学们，到现在为止，这篇文言文我们就基本学完啦。学习文言文难不难？有什么好办法？（三读法）你觉得文言文和我们平常学习的白话文相比有什么特点？（生：古文写得短，现代文写得长）

生：古文还有一个特点，就是简练。

师：对，古文非常简洁，用非常少的字包含了很丰富的意思。本文只用

了30个字，就给我们讲了一个生动的故事，这正是文言文的魅力所在。（板书：言约意丰）

师：我们中华民族有着五千年的历史，留下了无数的经典著作，要继承中华民族的传统文化，要学好语文，就一定要学好文言文。

师：老师再给大家推荐三则文言文小故事。

其一

缸中有金鱼，一猫伏缸上，欲捕食之，失足坠水中，急跃起，全身皆湿。

其二

龟与兔竞走，兔行速，中道而眠。龟行迟，努力不息。及兔醒，则龟已先至矣。

其三

孔融四岁，与诸兄同食梨，融独择小者，父问故，融曰，儿年幼，当取小者。

小组合作，学习三则文言文，上台展示。

（五）回归课文，升华主题

师：同学们，大家真的很棒！一节课的时间，我们认识了一个古代的小朋友，他——（生：聪明机智）学会了读文言文的方法——（一读：读准字音；二读：读出节奏；三读：熟读成诵）。实际上，司马光不仅仅是聪明机智，在《宋史·司马光传》中，是这样的——（课件配乐朗读，引读—齐读。根据时间，可以两遍）

司马光，字君实，陕州夏县人也。父池，天章阁待制。光生七岁，凛然如成人，闻讲《左氏春秋》，爱之，退为家人讲，即了其大旨。自是手不释书，至不知饥渴寒暑。群儿戏于庭，一儿登瓮，足跌没水中，众皆弃去，光持石击瓮破之，水迸，儿得活。

师：希望每个同学都能做像司马光一样的人，也希望每个同学在文言文中找到更多的学习乐趣！下课。

【学业纸设计】

《司马光》学业纸

主备人教师：张安全　教研组：三年级语文　使用时间：

教学预设	问题与活动	规则与评价
思维导引	成果指标： 1.能学会学习文言文的方法，并将其运用到课文和拓展篇目中。 2.能读懂司马光的品格，并向他学习。 3.能初步感受到文言文的美，并有兴趣进一步阅读。 自主学习： 1.认读生词，正确书写。 2.读熟课文，利用各种方法弄懂词句，不懂的做好标记	1.读熟读懂课文。（1分） 2.认读生词，正确书写。（1分） （田字格）
思维碰撞	问题一： 课文我们读了很多遍了，你懂得了什么？还有什么不懂的地方？能不能借助注释和插图，用自己的话讲一讲这个故事？ 活动： 1.读课文，弄懂句子意思。（提示：抓注释，抓插图，联系生活实际，联系上下文等） 2.小组交流，谈谈自己的收获。 问题二： 这篇文章和平常的文章有什么不同？练习读好文言文。 活动： 1.体会文言文的特点。 2.学会"三读法"	凝神静听组员发言，敢于质疑，及时补充，正确评价。集体汇报声音响亮，读能入情入境，谈能条理清楚。（5分）
思维迁移	读《猫捕鱼》《龟兔竞走》《孔融让梨》三篇文言文	能够体会文言文的美，练习读好三篇文章。3分
学生问题		

统编教材四（下）第一单元导读课学业纸

主备人：张安全　　　　教研组：四年级语文　　　　使用时间：

班　级：　　　　　　　姓　名：　　　　　　　　　小组：

教学预设	问题与活动	规则与评价
思维导引	成果指标： 1.能正确认读26个生字，正确书写26个生字。 2.能正确、流利、有感情地朗读课文，学习作者观察和表达的方法。在充分的朗读中，了解祖国的大好河山，体会作者对祖国的热爱之情，以及童年的快乐。 3.了解本单元的学习主题和学习重点，明确综合性学习要求	1.课文读得正确、流利（+2） 2.正确读写生字（+2） 3.读懂词句，理解内容（+2）
思维碰撞	问题一： 识记本单元生字，说说容易读错或易写错的字。（15分） 活动： 1.大声朗读课文，想办法识记生字。 2.组内检查生字认读情况，说说易写错的字。 3.汇报交流。 问题二： 说说课文的主要内容，提出不明白的地方。（25分） 活动： 1.默读课文，简单勾画批注。 2.交流课文主要内容，提出有疑问的地方。 3.汇报交流。 （1）读了《观潮》，我知道本课按照（　　　）（　　　）（　　　）的顺序描写了钱塘江大潮的（　　　）和（　　　），表达了作者（　　　）的感情。 （2）《走月亮》让我们感受到月光下美丽的景象，体会"我"与阿妈之间（　　　），体会月光下作者获得的（　　　）。 （3）《现代诗二首》让我们感受到（　　　）。 活动： 1.总结本单元学习主题，了解综合性学习要求及习作要求"推荐一个好地方"。 2.了解本单元学习重点：借助关键语句理解文章大意，学习作者的写作方法	认读全对（+2） 组内积极发言（+1） 准确填空（+2） 敢于提问（+1）

教学预设	问题与活动	规则与评价
思维迁移	搜集跟课文内容相关的资料，在小组内分享	积极搜集（+1）
学生问题		

统编教材四（下）第二单元单元导读学业纸

主备教师：张安全　　教研组：四年级语文　　使用时间：

学生信息：班　级：　　　　姓　名：　　　　　　小组：

教学预设	问题与活动	规则与评价
思维导引	成果指标： 1.能正确、流利地朗读课文。 2.能通过阅读课文，了解课文主要内容，并从不同的角度思考并提出自己的问题。 3.能了解本单元的学习要求，领会关键词句的含义和作用，理解文章所蕴含的道理	通过查字典和联系上下文推想等方法理解词语意思。（2分） 能有感情地朗读课文。（1分）
思维碰撞	自主学习： 1.能把本单元好词佳句读熟。 2.能把本单元的字写正确、美观。 3.读了本单元的四篇文章，我感受到_____。 4.我最喜欢《____》这篇课文，因为_____	提取信息准确（+1分），参与集体交流（+1分） 得分：（　） 梳理清楚（+2分），参与交流（+1分） 得分：（　） 画出句子（+2分），参与交流（+1分） 得分：（　）
思维迁移	问题：想一想，写一个人时，怎样写印象最深的地方	
思维导图		

统编教材四（上）《走月亮》学业纸

主备教师：张安全　　　　学习小组：　　　　使用学生姓名：

教学预设	问题与活动	规则与评价
思维导引	成果指标： 1.能正确认读本课4个生字，会写10个生字；正确、流利、有感情地朗读课文。 2.通过朗读，调动所有感官，发挥想象，感受体会文章的语言美和意境美，背诵课文。 3.体会月色下的美好意境，感悟文中温馨、快乐、幸福的亲情	整理好文具，集中注意力，静候上课（1分） 完成自主学习任务（3分）
思维碰撞	活动一：积累展示，描写月亮的文章（3分钟）。 活动二：学习课文《走月亮》。 问题：这篇文章主要讲什么？这篇文章告诉了我们什么事情？这篇课文表达了作者怎样的感情？ 学习方法： （1）联系注释、插图、生活实际，理解课文中的语句。 （2）有感情地朗读课文。 （3）理解文章的意思，体会表达的感情，背诵课文。 （4）回顾学习课文的一般步骤。 活动三：自读自悟《走月亮》。 学习方法： 用上面的方法学习课文，展示汇报	活跃小组（1分） 洪亮流畅（2分） 能根据注释正确理解（2分） 能积极发言，清楚表达自己的见解（2分） 朗读节奏正确（1分） 有感情地朗读并背诵（2分）
思维迁移	说到亲情，我们眼前会浮现出这样的画面：月夜中妈妈和我共读励志故事，风雨中爸爸手持雨伞呵护着放学归来的孩子，早起的山坡上有我和妈妈奔跑的足迹……这些伴随生命每一刻的亲情，你感受到了吗？尝试用一组排比句写下来	积累丰富，背诵熟练（2分）
问题单：		

统编教材四（上）《繁星》学业纸

主备教师：张安全　　　　　学习小组：　　　　　使用学生姓名：

教学预设	问题与活动	规则与评价
思维导引	成果指标： 1.能正确认读3个生字。 2.能有感情地朗读课文，根据课文的描述想象繁星满天的画面。 3.能与同学交流自己看繁星时的感受。 4.查资料，了解作者巴金	整理好文具，集中注意力，静候上课（1分） 完成自主学习任务（3分）
思维碰撞	活动一：检查预习。（5分钟） 检查读课文，交流读错的地方，巩固生字词。 活动二：说说课文主要内容。（5分钟） 活动三：默读课文第三自然段，画出自己体会最深的句子，说说你看到了怎样的画面。（15分钟） 1.默读课文，在课文中用横线画出相关句子，思考并做批注。 2.小组内交流。 3.全班交流。教师相机引导。 4.有感情地朗读第三自然段	准确流畅（1分） 指出错误（1分） 概括精炼，表达流畅（2分） 能积极发言，清楚表达自己的见解（2分） 会补充（1分） 有感情地朗读（1分）
思维迁移	模仿课文写写云朵的变化（一段话）	好词佳句（2分）

问题单：

统编教材四（上）《蝴蝶的家》学业纸

主备教师：张安全　　　　学习小组：　　　　使用学生姓名：

教学预设	问题与活动	规则与评价
思维导引	成果指标： 1.能认识"撼、盈、玷"3个生字，掌握多音字"雀"，会写"避、撼、喧、嚷、盈、玷"6个生字。 2.正确、流利、有感情地朗读课文。 3.理解课文内容，体会作者对弱小动物的关爱之情。 4.课前查阅作者的背景资料	整理好文具，集中注意力，静候上课（1分） 完成自主学习任务（3分）
思维碰撞	活动一：积累展示描写蝴蝶和一些昆虫的文章。（3分钟） 活动二：学习课文《蝴蝶的家》。 问题：这篇文章主要讲什么？这篇文章告诉了我们什么事情？这篇课文表达了作者怎样的感情？ 学习方法： （1）联系注释、插图、生活实际，理解课文中的语句。 （2）有感情地朗读课文。 （3）理解文章的意思，体会表达的感情，背诵课文。 （4）回顾学习课文的一般步骤。 活动三：自读自悟《蝴蝶的家》。 学习方法： 用上面的方法学习课文，展示汇报	活跃小组（1分） 洪亮流畅（2分） 能根据注释正确理解（2分） 能积极发言，清楚表达自己的见解（2分） 朗读节奏正确（1分） 有感情地朗读并背诵（2分）
思维迁移	同学们，你们认为蝴蝶有家吗？这个美丽而香甜的家会在哪里呢？张开你想象的翅膀，说一说	积累丰富，背诵熟练（2分）

问题单：

统编教材四（上）《蝙蝠和雷达》学业纸

主备教师：张安全　　　学习小组：　　　使用学生姓名：

教学预设	问题与活动	规则与评价
思维导引	成果指标： 1.能学会生字新词。 2.能把握课文内容，了解科学家三次试验的过程及揭示的秘密。 3.能理解飞机夜间安全飞行与蝙蝠探路的联系	整理好文具，集中注意力，静候上课（1分） 完成自主学习任务（3分）
思维碰撞	活动一：初读课文，简单划分段落。 活动二：了解蝙蝠飞行的特点。 问题：蝙蝠飞行有哪些特点？你从哪里看出来的？ 学习方法： 1.小组合作，圈点勾画。 2.快速朗读描写蝙蝠飞行特点的部分。 3.小组汇报。 活动三：自读自悟，找出蝙蝠飞行与雷达的发明之间的关系。 学习方法： 1.小组合作：科学家做了几次实验？有什么发现？ 2.科学家是怎样发明雷达的？雷达的发明与蝙蝠有什么关系？ 3.汇报交流	活跃小组（1分） 洪亮流畅（2分） 能根据注释及小组合作理解课文内容（2分） 能积极发言，清楚表达自己的见解（2分） 朗读节奏正确（1分） 找出蝙蝠飞行与雷达的发明的关系（2分）
思维迁移	拓展仿生学相关资料	拓展仿生学有关资料（2分）
问题单：		

第五章

心 迹

　　我喜欢树，也喜欢看树。我觉得每一棵树都是一个丰富的生命，它们在风里挺立，在雨里肃立，在阳光里欢笑……它们肩并肩站立，每一棵却都有自己的故事。世界上有多少人，就一定有多少棵树。你看，有的树活泼张扬，微微的风，就让它们合不拢嘴；有的树一生坎坷，每一道斑痕，都有道不尽的缘由。但大多的树都是那么充实，它们不夸耀自己的功绩，不掩盖自己的缺陷，只是一个劲地生长、生长。你可以面对着一棵树观察，越看越觉得它是那么伟大，每一片叶子都有自己的特点，每一根枝条都有自己的方式。哪怕站在它面前一天、一年、一百年，你也读不尽它的阅历，只会更加心生敬意。

　　2018年9月，我开始了自己的重庆巫溪支教生涯，如同一棵生长的树，掀开了一篇新的语文故事……

故事一　心与心的交流　山与水的牵手

　　泰安与巫溪，两个相距1200余公里的城市，一个坐落在五岳独尊的泰山脚下，一个依偎在缓缓流淌的大宁河畔，因为东西协作、泰安援渝的大背景牵起手来。2018年9月28日，泰安支援重庆巫溪的10人支教团队在泰安市教育局孔科长的带领下，来到重庆市巫溪县。作为山东省泰安市实验学校的一名教师代表，我有幸成为团队的一员。两周来，我们在主人热情友好的接待与期待中走过，也在满怀为巫溪教育贡献力量、为泰安教育和学校争光的热情中走过，克服生活习惯不适、背离家乡的困难，开启了收获满满的征程。

一、抵达巫溪，摸底教育

　　巫溪县位于重庆市东北部，地处大巴山东段南麓，是典型的山区农业县、全国贫困县。我们一行人于9月28日晚上八点半到达巫溪县城。

　　9月29日上午，我们先参加了县政府举行的座谈会，观看了巫溪教育介绍片，教委凌书记主持会议。之后，许主任介绍了巫溪县的教育状况，特别讲了抓质量的决心和改革的措施。面对留守儿童占45%、招不到985、211师资的现状，他们下决心，向改革要效益，初步取得成效。许主任提出，依托本次支教活动和接下来的外派跟岗培训，带出一批骨干教师，为全县教育的大发展打下基础。孔科长代表泰安支教团发言，介绍了泰安教育改革发展的情况，宣读支教考核办法，提出加强学习、加强联系、加强纪律的要求，期望大家在结束支教参加观摩会时有精彩表现。人事科刘科长对工作生活安排做说明。最后，刘县长从县域地理经济、财政收入、贫困状态等角度介绍巫溪情况，代表市政府驻巫协作小组，从强化责任、加强交流、积极协作、讲纪律守规矩等方面对支教同志提出要求，代表巫溪县政府对教委做好后勤保障提出要求。

之后我们乘车一个多小时，跨越五六个乡镇，到达顶岗支教点——文峰中心小学，随导引教师参观了解，听取蔡校长的情况介绍，中午在小学食堂就餐。随后经文峰到塘坊，考察塘坊小学，经古路镇考察古路中学，经上磺镇回夹溪羊桥坝考察珠海实验小学。总体上，巫溪县地处崇山峻岭中，路在山中间，村、城在山谷里，交通不便，但重视教育。

图5-1　支教课堂

9月30日上午，巫溪县教育研究进修学校召开全体教研员暨泰安支教人员对接会议，会议由肖校长主持。张主任介绍了本次支教的目的和任务，介绍了支教人员的简要情况。会后，支教人员与教育研究进修学校相对应的教研员进行了对接。大家热情友好，纷纷表示会做好协调，为促进巫溪教育做出贡献。

二、走进上磺，展开活动

经过充分的酝酿与准备，10月11日，支教团队兵分两路开展活动，一路赴城厢中学听评课，一路赴上磺镇中心小学指导教学。我作为小学语文教师，在县教研室彭主任、陈老师的引领下到上磺镇中心小学做听课指导。

上磺镇中心小学位于重庆边陲、巫溪县西南26公里的山区，四面环山，交通不便。学校有六个年级、30个教学班、100余名教师，教学设施和设备比较简陋，教师的教学理念和学校的教学质量均亟须提高。一上午的时间，我接连认真听了卢老师、彭老师和陈老师的课。卢、彭两位老师的课基本完成了教学任务，教学效果较好，学生参与度较高，但陈老师讲的二年级识字写字课存在的问题较多。课间，我们观摩了学校的课间操活动，学生列队安静、入场有序、做操整齐，是学校的一个亮点。

下午，上磺镇中心小学全体语文教师在小会议室进行了集体研讨，我对三节课进行了客观点评。应县教研室彭主任要求，我做了《我们共同的语文》的观课报告，提出了以下几点建议：

（1）语文教学要突破一本教材的局限，要教"课程"，倡导"1+1+1"的做法，即"一本教材+一本阅读读物+一本经典传统文化"，并指出了具体做法。

（2）课堂教学不能碎片化，要加强整合，以主问题为统领，提高学生的参与度，倡导建立学习小组，提高学生独立思考、表达、合作的能力。

（3）要重视写字指导，特别是笔画的规范书写，提高全体学生的书写水平。

（4）要强化教研，树立从上到下参与教研的制度，做到"四定"，即定时间、定地点、定主讲人、定记录员。

一天的活动紧凑而有效，评课与报告都受到学校领导和教师的欢迎，给支教活动增添了有意义的一笔。

三、及时总结，梳理规划

活动后，在领队张主任的指导下，我们对前一段的活动进行了总结，对下一阶段的工作做了进一步规划，形成了两周一小节的工作制度，并对如何开展听评课、如何进行资料积累、如何开展下一步活动等理清了思路，明确了节奏。

援渝支教既是国家东西协作扶贫的重大项目，是改善巫溪教育的重大举措，也是我学习与交流、提高自身素质的难得机会，是为学校、为泰安贡献力量的重要平台。作为一名小学骨干教师，我一定在局党委和援渝领导小组的领导下，讲规矩、讲奉献，及时总结汇报支教情况，完成好本次支教任务。

泰山巫溪，山水相连；支教行动，心手相牵。

2018年10月11日

故事二 观察与感动

来巫溪近一月，我克服背离家乡、生活习惯不适的困难，在山乡师生热情友好的期待中走过，也在为巫溪教育奉献、为泰安教育争光的热情中走过，开启了付出多多、感动满满的征程。

深入一线课堂 心系山区学生

图5-2 山区学校

上磺镇中心小学三年级（五）班的卢老师执教了部编版小学语文《语文园地三》，一节课只讲了两个简单的练习，教学内容不足，教学效率较低，串讲串问的现象严重。特别是一次听课时，我坐在班级的最后一排，一名学生坐在我旁边。他的手黑黝黝的，从手指到手腕都是这样。不仅如此，他还不听老师讲课，不停地用铅笔在指甲上画来画去……虽然我及时制止了他，但他歪歪扭扭的字迹，以及看我时漠然的眼神，还是让我心头一紧。

到今天为止，我已经到过12所中小学，听评课16节，做专题报告1次，与3名青年教师结成了帮扶对子，指导镇泉小学骨干陈老师执教科学优质课《水》，并且即将参加重庆市科学优质课评比。同时，我基本摸清了巫溪课堂教学的现状，有针对性地提出了自己的指导措施与方法，推出了语文教学"1+1+1"的改革举措，得到了学校领导和教师的欢迎。

课堂基本问题与泰安经验对策

虽然巫溪县城的教学条件较好，但边远地区教学环境不理想，教学质量不高。特别是城乡接合部，学生流失严重，教师老龄化和缺少青年骨干教师带动的现象严重。整体上，教师教学理念陈旧，教学"不敢放""不想放"的情况突出，对教材把握不准确，教学主问题和教学目标定位不准，因此造成了效率较低。例如大河小学，留守儿童达到了65%，每个年级只有一个班，教师平均年龄47岁，学生的阅读量和汉字书写水平严重落后于泰安平均水平。

在每天的听评课中，我既表达了对山区教师的深深敬意，是他们坚守在三尺讲台，为学生奉献着知识和热情；同时针对每节课存在的问题，我明确表明观点，提出改进办法。

巫溪有100多所小学、20多所中学。这段时间的一线观察与指导，我每天都是早出晚归，与学校师生同吃同聊。一边为每一个学校中一个个生动可爱的学生欢喜着、感动着，一边为每一节课兴奋着或着急着。脱贫，根本路径在教育。人穷不可怕，但要有改变的壮志与决心。

信心与展望

作为一名小学骨干教师，短暂的支教生活已经在我心底生根、发芽。在以后的日子里，我会拿出十二分的精力与精神、十二分的付出与智慧，以换来巫溪课堂的逐渐变化，换来巫溪教育的点滴升华。

图5-3　巫溪校园

2018年10月22日

故事三　巫溪的校与巫溪的课

11月5日，周一。

早晨六点，我像往常一样，按时起床，准备出门跑步。走出酒店的大门，感觉冷了许多，天也较以前黑了许多。原来，正淅淅沥沥地下着雨呢！密密的雨丝从半空中斜斜地织下来，平整的水泥地面上开出一朵朵细碎的水花儿。天气预报果然没错，变天了，前一段阳光灿烂的日子一去不返。巫溪，不紧不慢地进入了深秋，已然比家乡泰安晚了一月有余。

接连两周，我们支教团队（主要指驻教委巡回指导四人小组）与巫溪县教委下乡巡回组一起，早出晚归，连续作战，是近段时间任务最密集、最重的两周，也是了解巫溪的课、巫溪的人最深入、最有感触的两周。两周来，我们先后去了8所中小学开展听评课与送教下乡活动，正可谓"翻山越岭至双阳，同课异构在古路；通城城厢在老城，泰巫结对于上磺；凤凰中学感悟深，鸡心岭下有白鹿"，先后听评课18节、座谈交流18次、微型报告7次，参与指导的教师达110余人次。

巫溪教委和学校领导高度重视教学教研工作。为促进教育改革，提高教学质量，教委制定了"1345"的工作方案，体现了全县上下改变教育面貌、办好人民满意教育的决心。从各学校的落实情况来看，该政策深入促进了学校教育教学常规管理制度的建立和健全，提高了教师工作的积极性，学校的教育教学面貌有了明显的变化。

常规是质量的保证，各学校都十分重视常规管理，建立了基本的教育教学常规管理制度。教师的教学秩序、学生的学习风气都体现出勃勃生气，如小河中学、思源实验学校、宁河初中等，给人留下深刻的印象。

语文教育教学质量稳步提高。"得语文者得天下",话虽不准确,但体现了社会对语文学科的重视。从调研的学校看,每所学校都把语文作为重点甚至龙头学科来建设,积极开展相关的教学教研工作。如天宝初中语文组、古路初中语文组,教研氛围浓,教学水平提升快。

由于巫溪各学校的地理位置不同,造成了学校发展的不平衡。送教下乡和同课异构活动能真正促进教师课堂教学水平的反思与提高,促进各学校向均衡方向发展。从实际效果看,虽然教研室和送课教师都很辛苦,但学校和教师切实受益,活动也受到了学校和教师的欢迎。

双阳小学:大山深处一丛最美的红色

10月23日,早上七点,我和巫溪县教委小学语文教研员陈老师、李老师、吴老师一行四人赶赴双阳小学。双阳小学位于海拔千米的阴条岭国家自然保护区内,距离巫溪县城45公里,是兰英大峡谷的最深处。一路从县城赶来,翻山越岭,车程近两个小时,最高处海拔1200多米。车行至兰英大峡谷最高处,我们下车驻足片刻。公路离峡谷仅仅一小步,下面就是深达千米的峡谷,壁立千仞,杂树丛生,望之目眩。远处的公路像一条缠绕在山间的丝带,忽隐忽现,又像是在崖上凿出的一把绕指利剑,劈山斩绿,让人惊叹不已。

曲曲折折,颠上颠下,我们终于来到双阳小学。一所木质大门横梁上写着"双阳小学"四个大字,看上去更像一家农户。学校教学条件简陋,只有7个教学班(包括一个学前班)、53名学生、17名教师。学生全是留守儿童,大部分住校,一周回家一次。教师也两极分化,一部分为民转公的老教师,一部分是新进的年轻教师。

课,我听了两节,一节是年轻的罗老师的新授课《长城》,一节是老教师汪老师的口语交际课《名字里的故事》。课,都很让人遗憾,罗老师对课文体裁没有理解透,一直抓住琐碎的问题串讲串问;汪老师的口语交际课没有把学生的表达兴趣激发出来,学生口语的规范性让人着急。看着班里稀稀落落的十来个学生,看着努力但不得法的教师,我一面心生敬意,为坚守在偏僻山乡的老师、学生暗暗加油鼓劲,因他们是改变贫困面貌最有生命力的种子;一面仔细地搜索自己的储备，认认真真寻找改变课堂效率的钥匙。

图5-4　双阳小学

在随后的课后交流中，我真诚地表达了对他们的敬意，诚恳地提出了自己对课堂的几点建议：一要有课程意识，不仅仅教课文；二要有方法意识，落脚点在语用；三要有学生意识，如备课、作业、上课、课堂问答等，要关注到每一名学生；四是要扎实教研，提高教研实效，提高教师的能力水平。

中午吃饭的时候，有几名学生端着饭碗在操场边的石台上边吃边聊。我也端着饭碗走到他们跟前，问他们妈妈在哪里、爸爸干什么去了。一个小女孩羞涩地笑着，嘴边还沾着一颗米粒。那可爱的笑脸，如同校园里那丛鲜红的红叶，是永久绽放在我心里的美丽。

凤凰中学：凤凰涅槃的勇气与凤舞九天的志气

10月30日，我和中学语文教研组一道来到凤凰中学开展"同课异构"暨送课下乡大教研活动。凤凰中学位于县城西侧，距离县城只有7公里的路程，曾经是巫溪县一所名校、强校，在校人数达2000多人。可就是因为进城方便，所以大多数学生选择进城就读，大多数教师倾心进城执教，造成学校生源断崖式下跌，师资力量也流失严重。目前，学校只有500余名学生、教师67人，而且以老教师居多，学生中60%以上是留守儿童。正因为看到这种现状，巫溪县教委调用了陈安峰校长，一名年富力强、精明强干的优秀校长，力图再造学校的昔日辉煌。

同课异构者一位是白马中学来送课的何老师，一位是凤凰中学本校的姚老师。两位帅小伙，典型的巫溪人，都30多岁，操着重庆味道的普通话。巫溪方言除了舌尖前音与舌尖后音不分，还把许多四声说成三声，听起来倒也温婉动听。他们同教学七年级语文《再塑生命的人》，是海伦·凯勒的名篇。

这两节课是这段时间以来我听到的最精彩的课。它们都重视了基础知识的夯实，是扎扎实实的语文课；都重视了默读的运用与指导，是符合单元训练要求的语文课；都重视了品词析句和朗读，是充满浓浓语文味的课。异在执教者一个温文尔雅，富于理性；一个激情满满，引发共鸣。一个从题目入手，环环相扣，揭示人物性格灵魂；一个直奔核心，以主问题为线，最终回到题目含义。一个善于从内容中提炼情感，升华为生命感悟；一个善于理清文章结构，从内容中捕捉写法，指导学生运用。一个重"悟"，一个重"用"。但异曲同工，各有各的精彩，都建立在学生主体之上，让听课者赏心悦目。活动是成功的，得力于学校对教研的重视，得力于教师素质的提升。

在学校教学楼门厅的墙上，大字仿写着一段郭沫若的《凤凰涅槃》："一切的一，更生了；一的一切，更生了……"我想，这所学校一定有着凤凰涅槃的勇气与决心，憧憬着凤舞九天的美好未来。也只有具备凤凰涅槃的勇气，才会有凤舞九天的未来。小至一所学校，大至巫溪教育，乃至整个扶贫支教行动，莫不如此。

2018年12月5日

参考文献

［1］UNESCO. EFA End-of-Decade Note for All, Goal 6 ［C］. Bangkok：EFA Technical Working Group for Asia Pacific Region, 2011.

［2］邱均平，艾杨. 教育质量：三类概念模型的探析与启示 ［J］. 重庆大学报（社会科学版），2016（1）：133-138.

［3］沈玉顺. 现代教育评价 ［M］. 上海：华东师范大学出版社，2002.

［4］冯建军. 义务教育质量均衡内涵、特征及指标体系的建构 ［J］. 教育发展研究，2011，33（18）：11-15.

［5］UNICEF. Defining Quality of Education ［C］. Education Working Paper. Programme Division. New York. A Paper Presented by UNICEF at a Meeting of the International Working Group on Education, Florence, Italy, 2000.

［6］陈玉琨. 发展性教育质量保障体系的理论与操作 ［M］. 北京：商务印书馆，2006.

［7］中华人民共和国教育部. 全日制义务教育语文课程标准（2011版）［M］. 北京：北京师范大学出版社，2012.

［8］北京师范大学核心素养课题组. 中国学生发展核心素养 ［R］. 北京：北京师范大学，2016.

后 记

作为一名普通的小学语文教师，我执着地行走在自己的教学路上，经历过低落与挫折，也经历过成功与欣喜，更多的是不懈地追求。本书是自己对教学思考与实践的简单罗列，虽然勉强成文，但逻辑性和合理性都难免捉襟见肘。

从2012年起，我所在的山东省泰安市实验学校致力于思维碰撞课堂教学改革，并荣获全国首届基础教育教学成果二等奖。在这片自由而广阔的空间里，我以自己对语文教学的独特感悟与无比热情，抓住语文教学的发展规律，提出打破语文课是一节一节教课文的误区，放宽胸怀，放眼生活，整组推进，高效阅读，成为"目标·思维·素养"的核心思想。

2000年4月，我曾到徐州学习，认真倾听了于永正老师的讲座，我的心灵受到了从未有过的震撼。整整一天的报告，我同在场的两千多名教师被一个强大的磁场吸引，不仅没有感觉到一丝的累与苦，而且内心里始终涌动着真正属于教师的温热与激动。此后，我认真观摩于永正、薛法根等名师执教的语文课，感受到语文课竟然可以这样从容而自由。从那以后，我把学习当作自己的首要任务，坚持读书，坚持写笔记、心得，坚持看名师录像，坚持独立地思考与理性地分析。我一遍又一遍地读《语文课程标准》，一本又一本地读教育教学专著，一篇又一篇地读经典书籍。我被《论语》《老子》等博大精深的思想所吸引，由《民主主义与教育》读到《追求理解的教学设计》，《名师教学艺术》被我一句一句地圈画，薛法根、蒋军晶、陈金龙等名师的课堂教学被我一个动作一个动作地琢磨。逐渐地，我对教学的理解有了一定的雏形。

2015年7月，"张安全小学语文名师工作室"在市教育局和学校领导的关心指导下得以成立，全体成员积极参与所在学校的小学语文课堂教学改革实践与研究，围绕核心课题"基于核心素养的小学语文阅读教学目标制定与落实"开展了扎实有效的教学研究。

"学然后知不足，教然后知困""夫学须静也，才须学也。非学无以广才，非志无以成学"，对于一名小学教师，这种不倦学习的职业精神愈发重要。面对一双双渴求的眼睛，那三尺讲台、四十分钟是我为他们搭建起飞平台的时空，学习是充实自己、实现自己、超越自己的必由之路。

本书在撰写过程中，得到了省、市教研室领导的大力支持与帮助，得到了学校领导和同事的支持与帮助，在此向所有给予我无私帮助的导师、朋友、同事和家人表示衷心的感谢，没有你们，就不会有我的成长和本书的出版。

对于书中的疏漏和偏颇之处，真诚期待各位同仁批评指正。

张安全

2021年1月16日